O Livro dos Arteiros

Sobre a autora

MaryAnn formou-se em educação na Old Dominium University, no estado americano da Virgínia, e fez pós-graduação na Western Washington University, em Educação Elementar, Inglês, Fala e Teatro. É autora de livros premiados de arte para crianças, como *Mudworks*, *Scribble Art*, *Science Arts Preschool Art*, *MathArts*, *Cooking Art*, *Good Earth Art* e *Descobrindo Grandes Artistas*, publicado pela Artmed Editora, 2001. MaryAnn coordena oficinas e seminários sobre o ensino criativo e a utilização da arte na sala de aula.

K79d Kohl, MaryAnn F.
  O livro dos arteiros: arte grande e suja, mas fácil de limpar / MaryAnn F. Kohl; trad. Roberto Cataldo Costa. – Porto Alegre : Artmed, 2002.

  Ilustrações de Katheryn Davis.

  1. Educação – Artes – Crianças. I. Título.

  CDU 372.5-053.2

Catalogação na publicação: Mônica Ballejo Canto – CRB 10/1023

ISBN 85-7307-992-4

O Livro dos Arteiros:
Arte Grande e Suja!

(mas fácil de limpar)

MARYANN F. KOHL

Ilustrações:
KATHERYN DAVIS

Tradução:
ROBERTO CATALDO COSTA

Consultoria, supervisão e revisão técnica desta edição:
VALÉRIA PIMENTEL
Coordenadora de arte da Escola Verde Que Te Quero Verde, SP,
e consultora de artes visuais para educação infantil e ensino fundamental

2002

Obra originalmente publicada sob o título
The big messy art: but easy to clean up

© Gryphon House, 2000

ISBN 0-87659-206-X

Capa: Ângela Fayet Programação Visual
Preparação de originais: Salete Maria Chiezza
Leitura final: Fabiana Cardoso Fidelis
Supervisão editorial: Mônica Ballejo Canto
Editoração eletrônica: TIPOS editoração eletrônica

> Os editores e a autora não podem ser responsabilizados por ferimentos, acidentes ou danos ocorridos durante o uso ou em função das atividades deste livro. Recomenda-se adequada e razoável supervisão de adultos em todos os momentos, de acordo com a idade e as habilidades de cada criança.
> Não deixe as crianças sem a supervisão de adultos.
> Observe a segurança e os cuidados o tempo todo.

Reservados todos os direitos de publicação, em língua portuguesa, à
ARTMED® EDITORA S.A.
Av. Jerônimo de Ornelas, 670 – Santana
90040-340 Porto Alegre RS
Fone (51) 3330-3444 Fax (51) 3330-2378

É proibida a duplicação ou reprodução deste volume, no todo ou em parte,
sob quaisquer formas ou por quaisquer meios (eletrônico, mecânico, gravação,
fotocópia, distribuição na Web e outros), sem permissão expressa da Editora.

SÃO PAULO
Av. Rebouças, 1073 – Jardins
05401-150 São Paulo SP
Fone (11) 3062-3757* Fax (11) 3062-2487

SAC 0800 703-3444

IMPRESSO NO BRASIL
PRINTED IN BRAZIL

Para Michael
— MaryAnn

Para meu filho, Sam – Somos os dois mosqueteiros
— Katheryn

Agradecimentos

Agradecimentos e reconhecimentos especiais à colaboração de Zanni Van Antwerp.

Obrigado a todos os pais e professores ousados que se dedicam a descobrir novas idéias para a arte com crianças de todas as idades. Vocês proporcionam-lhes o prazer da criatividade, o deleite da imaginação e a emoção da aventura em arte. As idéias apresentadas através dos grupos de discussão na internet acrescentaram uma variedade incrível de experiências extraordinárias a este livro. Meus mais sinceros agradecimentos por suas contribuições testadas com as crianças e de comprovada criatividade.

Ann Weaver, North Carolina
Ann Scalley, Massachusetts
Beth Lastovica, Texas
Betty Bowen, Oklahoma
Cheryl Joyce, New York
Chris Hancock, Texas
Dana Bowman, California
Dolores Rogish, Ohio
Dorothy (Dot) Blomstrom, Ohio
Gail Hariton, New York
Gregory Uba, California
Heather Martin, Georgia
Judi Woodards, Ohio
Karen F. Korteling, Illinois
La Donna Dixon, South Carolina
Lauramarie Lauricella, New York
Marcie Fraade, New York
Nancy Yost, Pennsylvania
Sharon Henneborn, New Jersey
Sheila Tompkins-Hess, Nevada
Stacey Bernstein, Colorado
Yvonne Stehle, Mississippi

Sinta-se parabenizado

Parabéns por ter escolhido *O livro dos arteiros!* Você mostrou ser alguém que se importa com a criatividade e merece ser aplaudido por seu espírito dinâmico e criativo e sua disposição de proporcionar experiências empolgantes aos jovens artistas.

O livro é uma compilação de experiências artísticas que podem ser um pouco demoradas, talvez manchar o chão ou necessitar de uma boa lavagem com um balde, mas o processo criativo e as experiências artísticas compensam em muito o esforço a mais. Espere até ver os jovens artistas mergulharem em novas e grandiosas experiências usando materiais que fazem sujeira, cheios de entusiasmo e energia. A limpeza também pode ser parte do processo criativo e uma grande diversão!

Muitos são os jovens artistas que nunca exploraram as dimensões superiores da arte e todas as suas possibilidades. Eles estão prontos para o desafio; só precisam da oportunidade. Os projetos empolgantes deste livro os levam para além do comum, até o extraordinário! Quando observarem um arranha-céu e refletirem sobre seu tamanho e estrutura, você lhes terá proporcionado a amplitude da experiência criativa para imaginar de que forma foram criados. Quando caminharem em uma galeria de arte observando imensas pinturas ou esculturas, você lhes terá dado a profundidade das experiências artísticas para apreciar o que vêem. *O livro dos arteiros* irá abrir a porta para os jovens artistas vivenciarem a arte em uma dimensão mais elevada – e, é certo, muitas vezes mais suja – com a totalidade de seus corpos e mentes profundamente envolvidos na aprendizagem. Acrescente um borrifo, uma plasta e umas manchas à arte, e o resultado será cheio de emoção, admiração e surpresa!

Grandes dicas sujas

Roupas e sapatos para fazer arte – em vez de usar um avental de pintura ou uma camiseta velha, os jovens artistas devem preferir roupas de brincar e sapatos usados que possam pegar tintas, corantes, colas e outros materiais sujos, que talvez não se possam lavar. Isso possibilitará que os jovens artistas sejam criativos, em vez de se preocupar com gotas e manchas em seus melhores jeans e nos sapatos caros. Use bastante suas roupas artísticas; com o tempo elas vão ficando cada vez mais diferentes.

Balde de água com sabão e toalhas velhas – na maioria dos trabalhos deste livro, é bom ter à mão esponjas, água morna com sabão e toalhas velhas, para que os jovens artistas possam limpar as mãos, lavar-se e retirar sujeiras, se for necessário.

Espaços internos e ao ar livre – a maioria das atividades pode ser feita dentro de casa ou ao ar livre. Quando o trabalho for mais adequado ao ar livre, isso será informado. De qualquer forma, em muitas atividades, o jovem artista ficará mais livre para expressar sua criatividade trabalhando na rua.

Área de trabalho forrada com jornal – quando trabalhar em interiores (e ao ar livre, em algumas atividades), forre a área de trabalho, seja uma mesa, o piso, uma cadeira, ou um balcão. É muito mais fácil enrolar diversas folhas de jornal e encontrar um local limpo embaixo delas do que limpar uma área de trabalho que não tenha sido forrada.

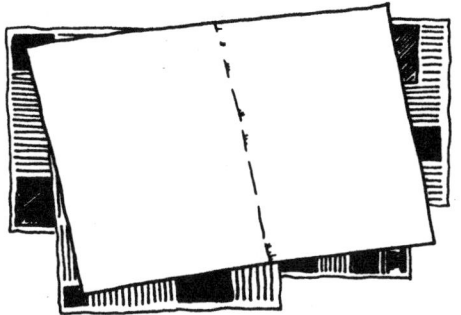

Recipientes rasos – mencionados muitas vezes em "Materiais". Entre os recipientes rasos utilizados pela autora, estão fôrmas, bandejas plásticas de lanchonetes e bandejas de pintura.

Esponja úmida para limpar os dedos – é uma versão mais simples do balde de água morna com sabão e toalhas velhas.

Área de trabalho – se o trabalho for desenvolvido em um interior, proteja paredes, pisos (talvez até o teto!) e qualquer mobília que possa ser estragada por tinta ou outro material artístico.

Os materiais favoritos da autora

Tintas acrílica e guache – conhecidas, respectivamente, por seu brilho e versatilidade.

Papel de embrulho ou kraft – papel pesado, que vem em rolos grandes de muitas cores, vendido em lojas de artigos para arte ou material escolar. Costuma ser medido em metros e cortado de acordo com a necessidade. Melhor ainda será comprar o seu próprio rolo em um catálogo de material artístico, e utilizá-lo por muitos anos! Algumas fontes para obtenção de papel gratuito: o seu jornal local pode aceitar guardar o final dos rolos de papel para você. São tubos de papelão com cerca de 4 m de largura, com papel jornal largo enrolado neles, podendo ser serrados na metade para criar dois rolos de 2 m, ou em 3 ou 4 rolos menores (os tubos de papelão no interior dos rolos também são úteis!).

Gesso para construções – gesso massudo, vendido em baldes ou tubos, em ferragens ou lojas de artigos para condomínios.[1]

Pistola de cola quente – oferece adesão instantânea duradoura, mas deve ser utilizada apenas com controle e supervisão de adultos.

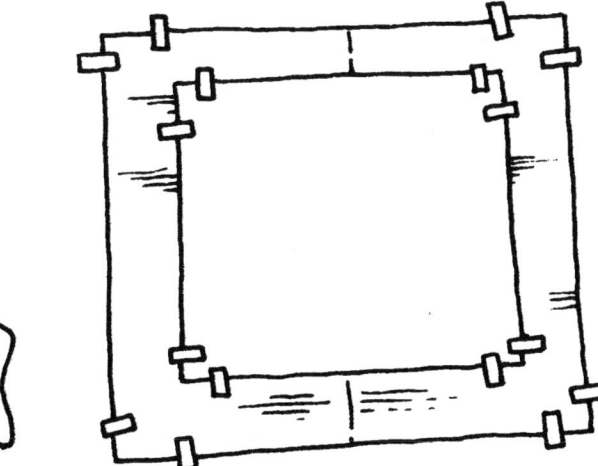

Aquarelas líquidas – ótimas para qualquer trabalho, por suas propriedades singulares, como brilho e transparência. Vendidas em cores claras e metálicas.[2]

Cola de papel de parede[3] – perfeita para papel machê e vendida em lojas de ferragens e tapeçarias, na forma de um pó seco em pacotes de 100 gr. Cada pacote é misturado com 4 l de água. A pasta pode ser preparada anteriormente, pois não estraga e fica transparente ao secar. Faça a mistura em um recipiente de 4 l, que também serve para guardá-la.

---

[1] N. de RT. Esse material pode ser substituído pelo gesso em pó de secagem rápida, para ser misturado com água.
[2] N. de RT. A anilina em pó, misturada com água ou álcool (depende da marca), proporciona um efeito parecido.
[3] N. de RT. Amido de milho ou farinha, diluídos em água e aquecidos no fogo, com a ajuda de um adulto, forma uma cola parecida.

Utilizando os ícones

NÍVEL DE EXPERIÊNCIA

Utilize o ícone de Experiência para escolher um trabalho baseado no nível de dificuldade que terá para o jovem artista. Cada capítulo começa com as atividades mais simples e finaliza com as mais complicadas.

 Uma estrela para artistas iniciantes com pouca experiência

 Duas estrelas para artistas com alguma experiência

 Três estrelas para artistas com mais experiência

CUIDADO

 O ícone que indica cuidado adverte para atividades que utilizam utensílios cortantes, fontes de calor ou qualquer outro material potencialmente perigoso.

PREPARAÇÃO E PLANEJAMENTO

Utilize o ícone de Preparação e Planejamento para avaliar a dificuldade que um adulto terá para preparar a atividade.

 Materiais fáceis de encontrar; preparação fácil

 Materiais conhecidos; preparação de dificuldade moderada

 Materiais incomuns; preparação complexa

SUJEIRÔMETRO

 Pouco sujo

 Meio sujo

 Muito sujo

Sumário

Sinta-se parabenizado ix

Capítulo 1 • Arte-ação
Pintando a calçada 20
Pintando com sapatos de esponja 21
Pintura giratória 22
Saque forte 23
Pintando com elásticos 24
Pintando com batidas 25
A pintura salpicada 26
A corrida de tintas 27
Pintando com bolhas 28
Pintando com o secador de cabelos 30
O balão furado 31
Pintando com bolas na piscina 32
Estourando bexiguinhas 33
Pintando com luvas de borracha 34
A arte do pêndulo vivo 36
Pintando com fôrmas de alumínio 37
Tingindo toalhas com *spray* 38

Capítulo 2 • O básico, só que maior
Movimentos amplos com giz de cera 40
Pingue e dobre com um amigo 41
A colossal pintura com cubos 42
Gravuras no gramado 43
A gravura do capacho 44
Desenhando com entretela 45
Quadro texturizado 46
Carimbos gigantes 48
Supertecelagem simples 49
Mosaico cromático quadriculado 50
Escultura de argila em grupo 51
Matrizes no lençol 52
Afresco grande 54
Vitral grandioso 55
O alto-relevo do pedreiro 57

Capítulo 3 • Pincéis de todos os tipos
Pintando com outras coisas, que não pincéis 60
Lista de coisas com que se pode pintar, além de pincéis 61
Descubra seus próprios instrumentos para pintura 63
Pintando com galhos de pinheiro 64
Pintando com rolos e fios 65
Pintando com esfregões e vassouras 66
Escovas marcadoras 67
A obra de arte das fitas 68
Raspando com rodos 69
Gravuras com partes do corpo 71
Pintando com *skate* 72
Pintando sem as mãos 73
Pintando com cordas 74
As miçangas dançantes 75
Borda de papel de parede com gravura de trapo 76

Capítulo 4 • Misturas e melecas
A grande massa artística básica 80
Pintando com confetes 81
Massa de lama 82
Resinas pegajosa e divertida 84
Rabiscos de cola 86
Flocos derretidos 87
Experimentos extravagantes de pintura com os dedos 89
Receitas de pintura para o rosto e o corpo 91
Fusão de cores em gesso 93
Mais sobre pintura facial 94
A arte de enfaixar 95
Massa de papel crepom amassado 96
Embalagens para presente marmorizadas 97
Jornal melecado 98
Papel no liquidificador e porta-retratos 100

Capítulo 5 • Idéias ousadas
Dia de brincar com papel higiênico 104
Enfeite exuberante com tubos 105
Pasta primavera para brincar 106

Pintando com mata-moscas 107
Pintando às cegas 108
Desenhando com carvão 109
Pum! A tinta explosiva 110
Móbile da caixa das centenas 111
Pare, enrole e pinte 113
Pinte uma bola 115
Cubo quebra-cabeça grande, muito grande 116
Retalho de lembranças 118
Tecelagem interminável 120
A escultura da casa realista 122
Esculpindo um dinossauro 124
O caminho das pedras de concreto 126

ÍNDICES 129
ÍNDICE DE MATERIAIS 130
ÍNDICE DE ÍCONES 136
LISTA DE TRABALHOS 139

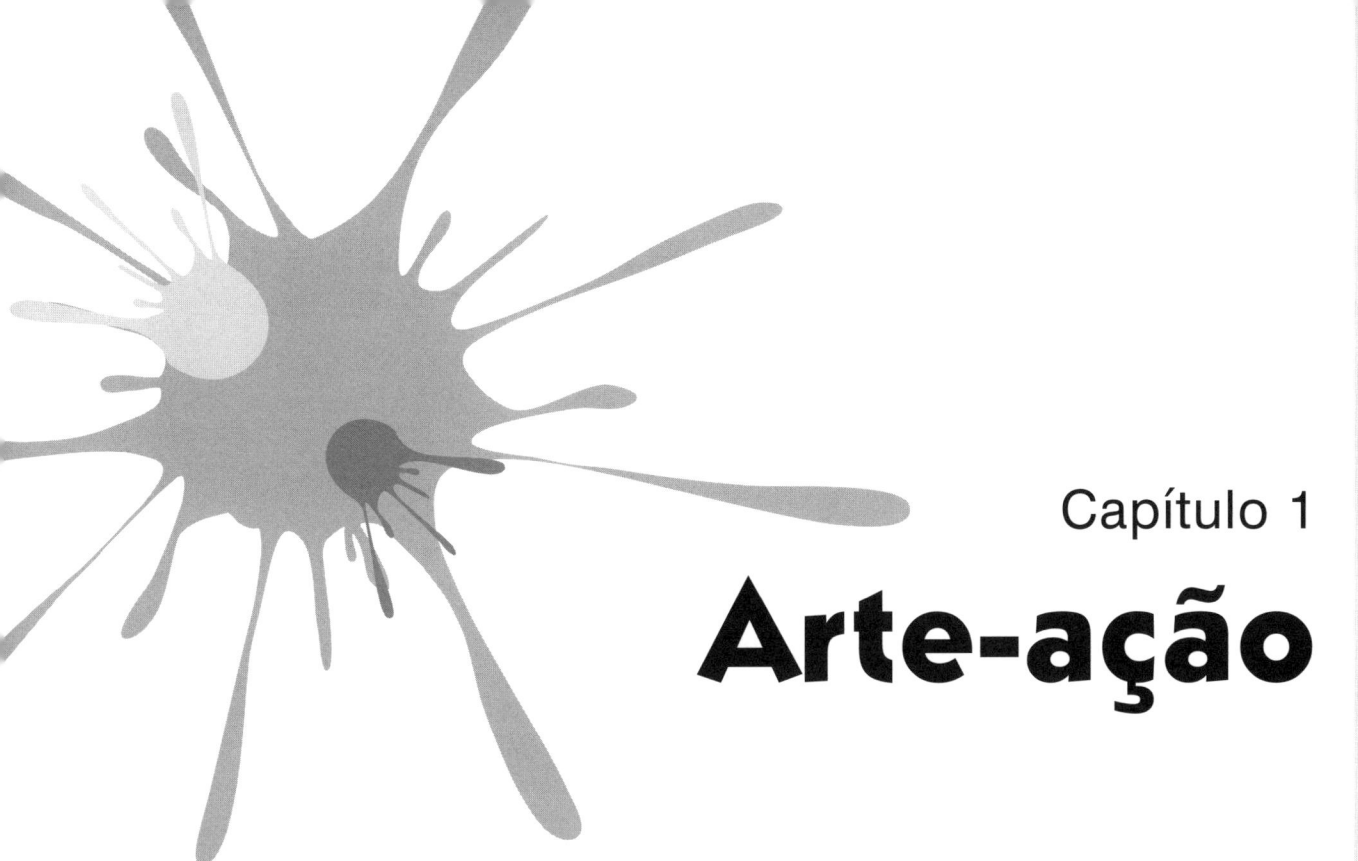

Capítulo 1
Arte-ação

Pintando a calçada

Pintando com sapatos de esponja

Pintura giratória

Saque forte

Pintando com elásticos

Pintando com batidas

A pintura salpicada

A corrida de tintas

Pintando com bolhas

Pintando com o secador de cabelos

O balão furado

Pintando com bolas na piscina

Estourando bexiguinhas

Pintando com luvas de borracha

A arte do pêndulo vivo

Pintando com fôrmas de alumínio

Tingindo toalhas com spray

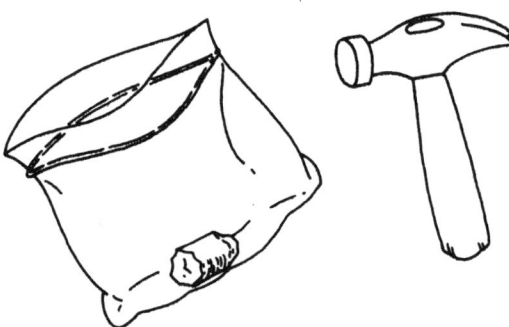

Pintando a calçada

Que idéia de arrebentar! Quebrar e moer giz é uma forma barata de fazer sua própria tinta para murais pequenos ou grandes! Essa grande idéia suja é lavável com uma mangueira ou com a próxima chuva.

Materiais
giz pastel seco
sacos plásticos grossos, com fecho
martelos, malhos ou pedras
recipientes
água
pincéis

Processo
1. Quebre o giz em vários pedaços.
2. Coloque alguns pedaços em um saco plástico grosso e feche-o.
3. Desmanche o giz, cuidadosamente, com um martelo ou pedras, até obter um pó.

Dica: seja cuidadoso ao usar o martelo, prestando muita atenção.

4. Coloque o pó em um recipiente. Acrescente água e mexa com um pincel até obter consistência de tinta. Faça cores diferentes.
5. Pinte a calçada com a tinta nova. Ou jogue manchas grandes de tinta na calçada e passe por cima delas com caminhões de brinquedo grandes, triciclos ou bicicletas.
6. Lave a tinta com mangueira e água, ou deixe que a chuva faça isso com o passar do tempo.

Variações
- Misture pó de diferentes cores em um saco plástico para produzir novas tonalidades, depois acrescente água.
- Moa o giz e coloque-o em pequenas tigelas. Mergulhe um pincel molhado no giz e pinte no papel.
- Coloque um pedaço de papel de embrulho na calçada. Passe triciclos ou bicicletas sobre a tinta e, depois, sobre o papel.
- Caminhe sobre as manchas de tinta, de sapatos ou de pés descalços, para deixar pegadas.
- Pinte nas paredes, cercas, ou degraus (com permissão, é claro!).
- Utilize um pilão para produzir um pó mais fino.

Pintando com sapatos de esponja

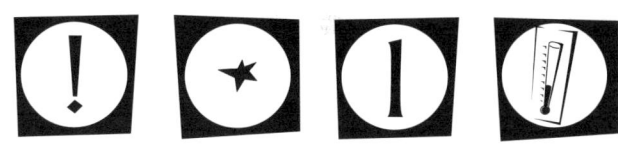

Pinte usando esponjas – com essa nova jogada, o resultado será muita risada e arte ao mesmo tempo. Prenda esponjas grandes nos seus pés, pise na tinta e caminhe pintando.

Materiais
papel de embrulho ou kraft grande
fita crepe
fôrmas rasas e resistentes
esponjas grandes
velcro (comprado em ferragens e lojas de esportes ou de artigos para ciclismo)
recipiente com água morna e sabão
toalhas velhas
guache

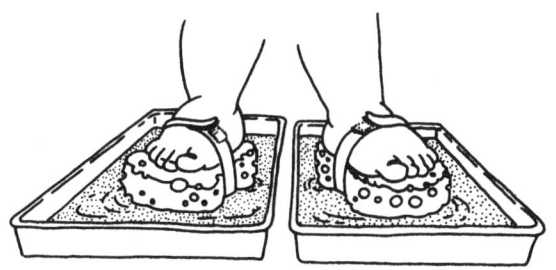

Processo
1. Coloque folhas grandes de papel de embrulho no chão. Prenda-as com fita adesiva, por medida de segurança.
2. Coloque tinta guache em duas fôrmas rasas, sendo uma para cada cor. Se quiser mais de duas cores, utilize mais recipientes. Coloque-as perto do papel.
3. Tire os sapatos e as meias. Com pedaços de velcro,[1] prenda uma esponja em cada pé. Com a ajuda de um adulto, pise nas duas fôrmas de tinta – uma cor para cada pé.

Dica: essa é uma atividade escorregadia; um ou dois adultos devem ajudar o artista.

4. Com a ajuda de adultos, caminhe sobre o papel com as esponjas, criando desenhos.
5. Depois de remover o velcro, lave os pés no recipiente com água morna e sabão. Seque com toalhas velhas. Quando tomar banho, talvez seja necessário ensaboar e esfregar mais.

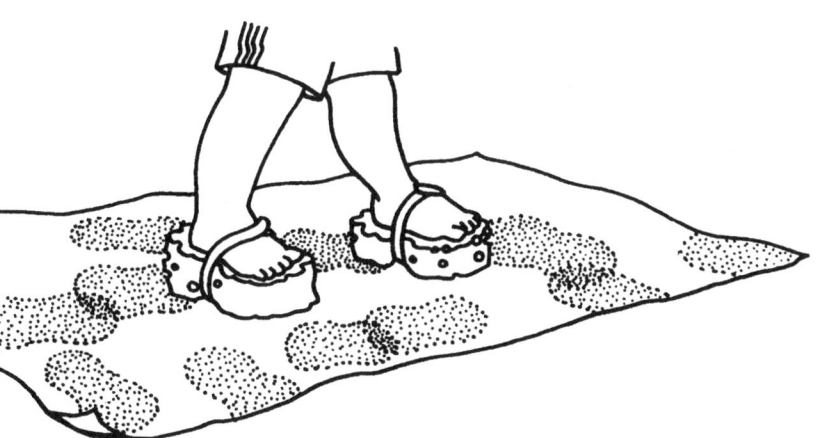

Variações
- Comece com a esponja apenas em um pé, antes de tentar com os dois.
- Corte as esponjas em diferentes formatos.
- Cole as folhas de papel lado a lado, criando um "ringue de patinação", e patine sobre tinta azul cremosa, com ajuda de adultos.
- Borrife o papel com água e pise sobre pigmento em pó.[2]
- Em vez de esponjas, experimente colocar nos pés panos de limpeza ou escovas.
- Faça pinturas com meias, com os pés, com botas, e assim por diante.

---

[1] N. de RT. O velcro pode ser substituído por uma fita grossa de tecido.
[2] N. de RT. Esse pigmento pode ser o pó para tingir cimento ou tinta branca, encontrado em loja de construção.

ARTE-AÇÃO

Pintura giratória

Girar correntinhas molhadas em tinta cria círculos bonitos e diferentes, feitos com cores sobrepostas. Tintas brilhantes e fluorescentes fazem desta atividade uma grande experiência visual.

Materiais
Correntinhas de bijuteria de 20 a 50 cm
guache ou acrílico
folhas grandes de papel

Processo
1. Lojas de miudezas são ótimas para encontrar bijuterias baratas. Colares de miçangas também funcionam muito bem para essa atividade.

Dica: as correntinhas de bijuterias são perfeitas para um giro suave, mas experimente outros tipos, como correntes de plástico, colares de miçangas, linha de costura ou cordas e barbantes.

2. Pratique o giro da corrente. Para isso, segure em uma ponta ou no fecho, mantendo-a encostada sobre o papel na mesa. Faça-a girar em um movimento horizontal e circular, muitas vezes. Mantenha o polegar e o indicador próximos ao papel.
3. Agora é para valer! Mergulhe a corrente em qualquer cor de tinta. Não é necessário mergulhar os dedos. Mantenha de 3 a 5 cm da corrente sem tinta. Segure nessa parte durante o processo de mergulho.
4. Deixe a tinta escorrer da corrente por alguns instantes.
5. Agora, gire suavemente a corrente molhada (lembra-se do passo 2?) sobre o papel, até que não haja mais tinta pingando.
6. Mergulhe a tinta em outra cor e gire mais uma vez. Dá um efeito bonito deixar que as tintas caiam umas sobre as outras no papel.
7. Quando terminar, lave as correntes em água limpa.

Variações
- Gire um barbante com um botão ou uma borracha de vedação de torneiras amarrados na ponta.
- Cole folhas de papel em uma parede, com fita adesiva, e balance correntes sujas de tinta contra elas. Faça-as oscilar encostadas no papel (coloque papel no chão por causa das gotas de tinta).

Saque forte

Afaste-se do muro, gire o corpo e lance a bola de tênis contra o muro. O que há de tão especial em atirar uma bola? Molhe-a antes em tinta!

Materiais
muro ou cerca ao ar livre
fita adesiva
papel kraft ou papelão grande
guache
fôrmas rasas
bolas de tênis velhas (ainda com pêlos!)
bacia para guardar bolas de tênis
luvas de trabalho, opcionais
mangueira e toalhas velhas

Processo
1. Com fita adesiva, cole folhas grandes de papel ou papelão em um muro ao ar livre. Certifique-se de que não há problemas em jogar tinta nessa parede; caso contrário, proteja-a.
2. Encha fôrmas rasas com guache e coloque-as no chão, a uma distância segura da parede. Próximo, ponha também uma bacia com as bolas de tênis.
3. Vista luvas, se quiser.
4. Role uma bola de tênis na tinta. Gire o corpo e lance a bola contra a parede. Pum! Ela irá deixar uma marca peluda, manchada.

Dica de limpeza: depois de atirar, a bola irá rolar no chão e bater nos pés das pessoas, então esteja preparado para um pouco de tinta aqui e ali. Você poderá colocar uma proteção feita com uma caixa de papelão aberta, onde a bola cairá. Cole o papel na caixa aberta, com a tampa dobrada para dentro.

5. Utilize a mesma bola, ou outra, e faça mais marcas, repetindo até que o papel esteja cheio de marcas.
6. Lave as bolas na água limpa com uma mangueira, espremendo-as com uma toalha velha e deixe-as secar na bacia até o dia seguinte.

Variações
- Segure a bola, mergulhe-a na tinta e esfregue-a no papel.
- Virando a mão suavemente, jogue a bola com tinta em uma folha de papel no chão.
- Deixe cair uma bola com tinta de uma certa altura, de forma que ela quique no papel que está no chão.

Pintando com elásticos

Uma idéia que vai-e-vem – uma moldura, alguns fios e tinta. Estique os fios na moldura e cubra-os com tinta. Estique e solte os fios sobre um pedaço de papel para criar uma obra de arte cheia de estalos!

Materiais
moldura velha forte
fios, fitas e elásticos grandes e resistentes com diferentes espessuras
pedaços grandes de papel
esponjas com cabo
guache em recipientes

Processo
1. Estique os fios sobre a moldura vazia. Você pode utilizar apenas um, ou vários.
2. Coloque uma folha de papel sobre a mesa, e a moldura sobre o papel.
3. Pinte os fios com cuidado e completamente, com pincéis mergulhados em tinta. Você pode misturar as cores.
4. Pegue um fio, puxe-o para cima e solte-o. Scrach! Ele estala contra o papel, formando um trabalho cheio de manchas.
5. Estale outros fios que ainda tenham tinta.
6. Quando for necessário, coloque mais tinta.
7. Remova o papel e comece novamente, com um outro trabalho estalado. Pode ser necessário limpar os fios com uma esponja molhada. Isso depende do artista, alguns gostam que os restos de tinta permaneçam nos fios para produzir efeitos especiais com a mistura de cores.

Dica de limpeza: neste momento, como as mãos estão ficando cheias de tinta, tenha à mão um balde com água e sabão e toalhas velhas. Outra sugestão é ter uma esponja molhada grande sobre a mesa, para limpar os dedos.

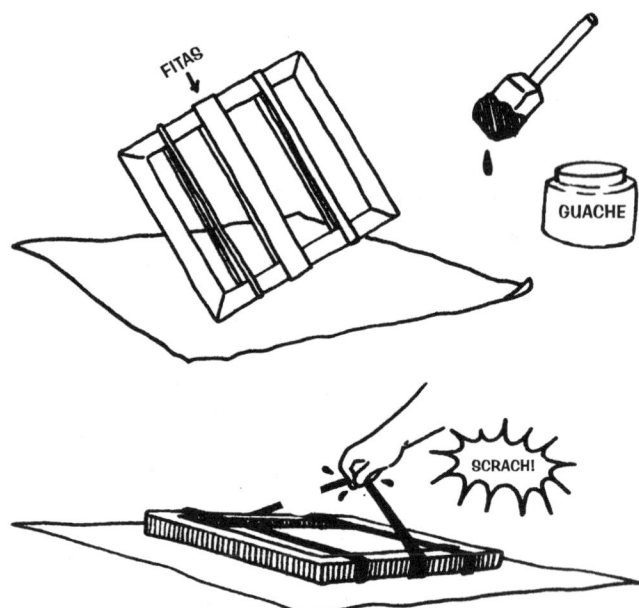

Variações
- Utilize uma moldura grande com apenas uma cor, movimentando-a e virando-a para produzir desenhos diferentes no papel.
- Utilize molduras menores, cada uma com uma cor diferente, movimentando-as no papel.
- Utilize tinta luminosa, ou neon, sobre papel preto.
- Utilize elástico de costura no lugar de fios e fitas.

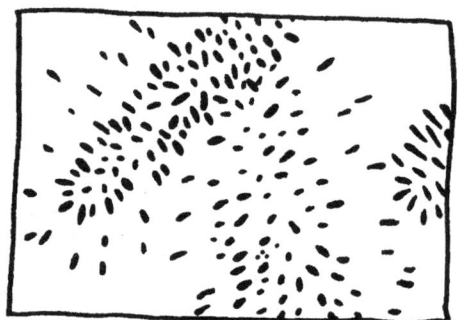

Pintando com batidas

Encha uma meia com areia, dê um nó, mergulhe em um pouco de tinta e pinte, batendo-a no papel!

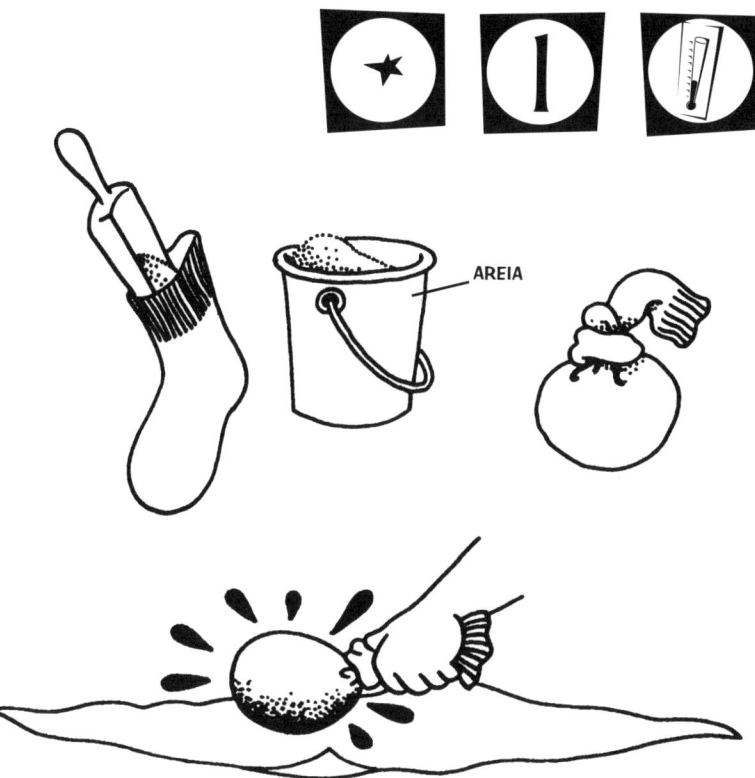

Materiais
meias-calças velhas
areia
fita adesiva
papel
área de trabalho coberta com jornal
tinta guache
tigelas ou fôrmas de bolo
papel de embrulho

Processo
1. Coloque a areia na meia (ou na ponta cortada de uma meia-calça velha) até que esteja mais ou menos do tamanho de um punho. Dê um nó na meia, próximo à areia, bem justo! Encha uma meia para cada cor de tinta.
2. Com a fita adesiva, cole o papel em uma área de trabalho coberta com jornal.
3. Coloque cerca de 3 cm de tinta em fôrmas ou tigelas.
4. Mergulhe uma meia com areia na tinta e depois bata no papel.
5. Repita o procedimento com quantas cores forem necessárias para fazer sua produção.
6. Faça mais pinturas!

Variações
- Deixe a meia com areia suja de tinta cair de um lugar alto, no papel.
- Encha as meias com areia grossa, pedras de aquário ou bolas de gude. Meias pesadas devem ser batidas em papel no chão, em vez de em uma mesa.
- Faça experiências com tipos diferentes de meias.
- Mergulhe meias com areia em água, depois no pigmento em pó e bata no papel.
- Encoste meias com areia secas no pigmento em pó e bata em papel molhado.

ARTE-AÇÃO

A pintura salpicada

Essa é uma atividade grande e suja! Seja valente! Pegue pincéis grandes e um pouco de tinta e faça aquela festa!

Materiais
recipientes com tinta
tinta guache
folha de plástico ou lona impermeabilizada
fita adesiva
papel de embrulho
pincéis grandes

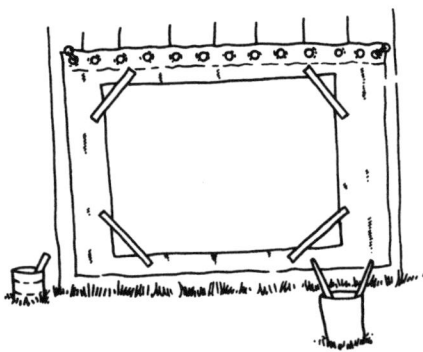

Processo
1. Encha os recipientes com diferentes cores de tinta.
2. Proteja a parede com folhas de plástico ou lona. Cortinas de chuveiro velhas funcionam muito bem! A seguir, prenda o papel no plástico com fita adesiva (trabalhar ao ar livre facilita a limpeza).
3. Agora a melhor parte: mergulhe o pincel na tinta e sacuda-o sobre o papel, como o famoso artista Jackson Pollock.
4. Acrescente outras cores.
5. Experimente sacudidas leves e fortes, para ver o resultado.
6. Deixe a pintura secar na parede ou retire-a para fazer outra.

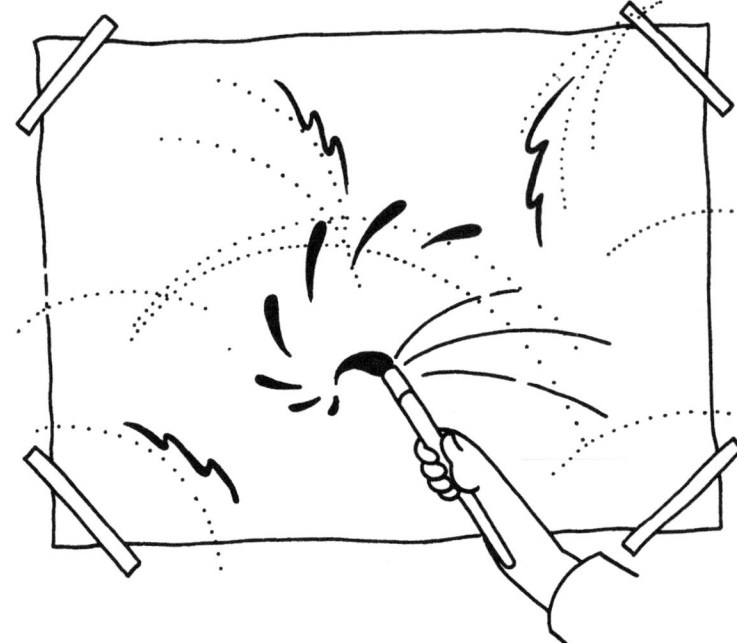

Variações
- Salpique água sobre o papel e em seguida espirre a tinta sobre as gotas.
- Tire a pintura da parede e coloque no chão. Pulverize um pouco de purpurina na tinta molhada.
- Trabalhe em uma lona sobre o chão, em vez de na parede.
- Trabalhe sobre papel colado em uma cerca ao ar livre.
- Observe o trabalho de Jackson Pollock e experimente seus procedimentos de criação, pintando com alguma das seguintes técnicas:

atirar	chuviscar	fazer pontos	pingar
bater	esfregar	golpear	riscar
borrar	esguichar	gotejar	sacudir
borrifar	fazer flocos	jogar	salpicar
borrifar com *spray*	fazer listas	manchar	sujar
chacoalhar	fazer manchas	melecar	

26 O LIVRO DOS ARTEIROS

A corrida de tintas

Não importa se você ganha ou perde; importa como o papel fica bonito quando a corrida termina! Assista às gotas de tinta escorrendo, acelerando e se misturando, em decorrência da ação da gravidade.

Materiais
compensado, aglomerado ou papelão bem grosso
serrote ou tesoura afiada (somente adultos)
fôrma rasa de cozinha
jornais
cadeira ou mesa
fita adesiva ou barbante
papel de embrulho
aquarela líquida, anilina ou tinta guache
recipientes pequenos
conta-gotas ou pipetas

Processo
1. Corte um pedaço com cerca de 1 a 2 m de comprimento e 40 cm de largura do compensado ou papelão, ou da largura de uma fôrma de cozinha.
2. Espalhe jornais no chão.
3. Coloque a fôrma sobre os jornais.
4. Incline a tábua, apoiando uma das extremidades sobre uma mesa ou cadeira e coloque a outra dentro da fôrma.
5. Prenda a tábua com fita adesiva ou barbante.
6. Cole um pedaço de papel de embrulho sobre a tábua, cobrindo-a toda.
7. Misture 3 partes de água para 1 de tinta guache, em recipientes.[1] Coloque uma cor de tinta em cada recipiente.
8. Com conta-gotas ou pipetas, pingue tinta na ponta alta do papel e assista sua corrida até embaixo. Coloque mais gotas e veja como elas se misturam e deixam marcas, indo cair dentro da fôrma.
9. Retire o papel quando estiver satisfeito com o resultado do trabalho, cole outra folha e comece tudo de novo.

Variações
- Faça uma corrida: Um, dois, três e... Cada pessoa (duas a quatro) pinga uma cor diferente na extremidade alta do papel, ao mesmo tempo. Já! La vão as gotas, disputando uma corrida no papel.
- Utilize apenas tinta de cores primárias para produzir as secundárias.
- Utilize cores complementares (vermelho, amarelo e laranja, por exemplo) e pinte com as gotas que caírem na fôrma.

---

[1] N. de RT. Não é necessário fazer essa mistura para anilina e aquarela.

Pintando com bolhas

Explore um mundo arejado, peneirando tinta em pó no papel. A seguir, jogue bolhas de ar caleidoscópicas, formando desenhos com círculos.

Materiais
folhas grandes de papel
fita adesiva
peneira velha
colheres
pigmento em pó[1]
solução feita em casa para bolhas de sabão (veja abaixo) ou tubo e solução comerciais (veja lista)

Receita de solução caseira para bolhas de sabão
- 1/2 litro de detergente comercial
- 1 l e meio de água
- 175 ml de xarope de milho leve (opcional)
- Recipientes de 4 l com uma tampa firme
- Misture os ingredientes acima em um recipiente com tampa. Agite e deixe em repouso por 4 horas. Essa receita pode ser feita pela metade ou em dobro.

Utensílios a serem experimentados para fazer as bolhas
- brinquedo para bolhas
- batedor de ovos
- cabide (de qualquer tipo)
- carretéis de linha velhos
- cesta de plástico para frutas
- colher com ranhuras
- escorredor de massa com buracos grandes
- esmagador de batatas
- formatos feitos com fio grosso
- funil limpo
- plástico de prender latas de refrigerante
- sua própria mão (o sinal de OK)

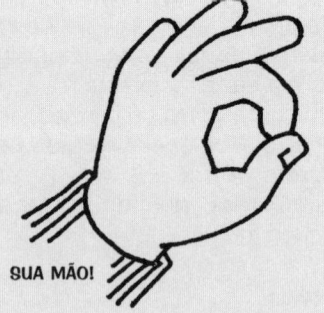

SUA MÃO!

---

[1] N. de RT. É possível usar um pigmento em pó para colorir cimento, encontrado em loja de construção.

Pintando com bolhas (continuação)

Processo
1. Espalhe as folhas grandes de papel no chão, juntando-as com fita adesiva para formar uma área grande.[1] Você pode trabalhar dentro de casa ou ao ar livre.
2. Coloque uma peneira velha sobre o papel. Com uma colher, ponha 3 a 4 colheres de pigmento em pó na peneira. Você pode utilizar uma cor ou misturar várias.
3. Peneire o pó de tinta sobre o papel, onde desejar.
4. Faça com que o pó se transforme em pintura, jogando as bolhas sobre o papel com os instrumentos citados na página anterior. Deixe que elas caiam sobre a pintura e estourem na tinta em pó peneirada. POP! Surge uma grande imagem!

Dica: alguns instrumentos vão produzir bolhas misturadas; outros, pequenas bolhas individuais; e outros ainda, bolhas grandes e molhadas. Cada um fará uma imagem diferente.

5. Assopre as bolhas e faça desenhos em todo o papel.
6. Acrescente mais tinta e mais bolhas para fazer uma pintura ainda maior!

Variações
- Borrife levemente a água, a partir de frascos, sobre o pigmento em pó peneirado.
- Borrife aquarela (ou corante para comida misturado com água), a partir de frascos, sobre o pigmento em pó peneirado.

---
[1] N. de RT. Grude a fita por baixo da folha para não atrapalhar a pintura.

Pintando com o secador de cabelos

Bolinhas de pingue-pongue cobertas com tinta são projetadas sobre o papel com o auxílio do secador, criando um desenho de arrepiar os cabelos!

Materiais
papel de embrulho
papelão ou papel-cartão
tesoura
fita crepe
tinta guache ou aquarela finas
xícaras ou tigelas pequenas
colheres
bolas de pingue-pongue e outras que sejam leves
secador de cabelos elétrico (com ajuda de adultos)
tigela de água limpa
toalhas velhas

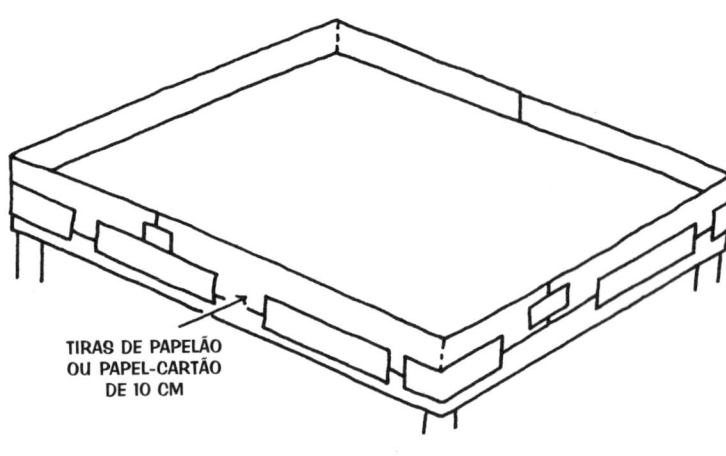

TIRAS DE PAPELÃO OU PAPEL-CARTÃO DE 10 CM

Processo
1. Cubra a mesa com o papel de embrulho.
2. Corte o papelão ou o papel-cartão em tiras de 10 cm de largura.
3. Cole as tiras com fita adesiva em torno da mesa, produzido uma proteção contínua que impedirá que as bolas caiam no chão.
4. Coloque cerca de 4 cm de tinta em cada xícara ou tigela. Coloque uma colher em cada cor.
5. Jogue uma bolinha de pingue-pongue em cada xícara. Role-a na tinta para cobri-la.
6. Utilize uma colher para pegar a bola e jogá-la no papel. Você pode utilizar uma cor e uma bola ou várias cores e várias bolas.
7. Com o vento do secador de cabelos, faça com que as bolas com tinta movimentem-se sobre o papel.

Dica: como sempre, tenha muito cuidado com fios elétricos e eletricidade. É necessária a ajuda de adultos. Mantenha a água longe do secador de cabelos.

8. Lave as bolinhas de pingue-pongue em uma tigela grande com água limpa e seque-as com uma toalha velha, antes de reutilizar.

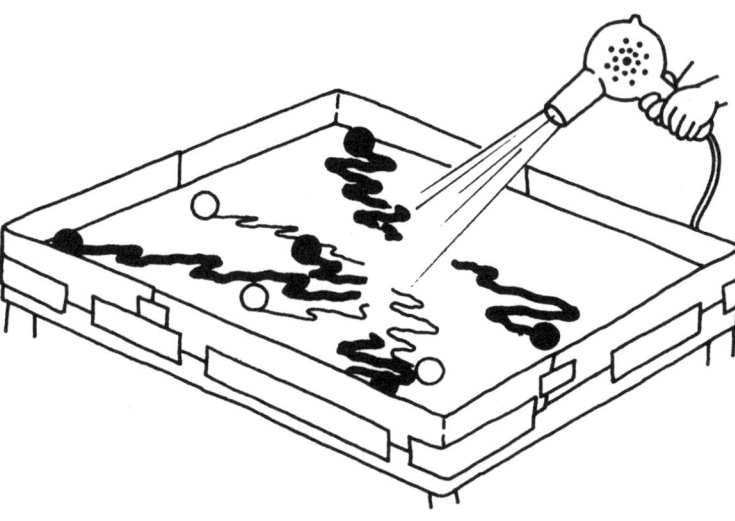

Variações
- Faça pequenas poças de tinta fina sobre o papel; com o secador, faça com que as bolas rolem sobre as poças para criar novas linhas no desenho.
- Utilize seu próprio sopro (aspire e assopre) para rolar as bolas.

O LIVRO DOS ARTEIROS

O balão furado

Já imaginou esguichar um fino jato de tinta, controlado e constante, com um balão furado sobre a folha de papel?

Materiais
papel de embrulho
balões
aquarelas líquidas ou guache fina
água
agulha ou alfinete
fita adesiva, opcional

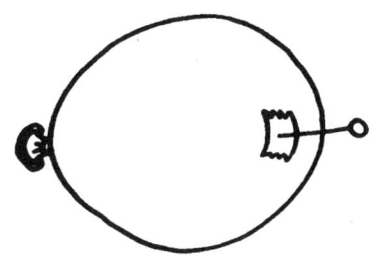

Processo
1. Coloque folhas grandes de papel sobre o chão, antes de começar.
2. Com ajuda de adultos, ponha uma grande quantidade de tinta diretamente dentro do balão. Diversas colheres de sopa serão suficientes. A seguir, complete o balão com água e feche-o com um nó. Sacuda um pouco para misturar a água e a tinta.
3. Faça vários balões com diferentes cores de tinta.
4. Com cuidado, use um alfinete para fazer um furo no balão. Se for difícil, cole um pedaço de fita adesiva no balão antes de furá-lo. Faça o mesmo com os outros balões.
5. Agora a melhor parte! Esguiche tinta no papel, diretamente dos balões. Crie desenhos, misturando as cores como desejar.
6. Deixe que a tinta seque no local.

Variações
- Faça mais de um furo no balão. Seja rápido!
- Esguiche a tinta de um lugar alto, como uma cadeira, uma escada ou de cima de uma mesa.
- Cole papel em uma parede, cubra a área do chão onde irá pingar e esguiche a tinta na parede.
- Borre os desenhos feitos com esguicho de tinta, usando uma espátula ou um retângulo de papelão, misturando as cores e os desenhos do papel.

ARTE-AÇÃO **31**

Pintando com bolas na piscina

Pintar com bolas dentro de uma piscina de plástico é uma atividade que dá grandes resultados! Os artistas jogam, rolam e giram as bolas sujas de tinta para criar GRANDES pinturas, com padrões diferentes.

Materiais
tinta guache
recipientes, tais como jarras de plástico
bolas de todos os tamanhos (veja a lista)
folhas grandes de papel
piscina de plástico pequena
quatro ou mais artistas
colheres e pinça grande (pegador de macarrão)

Processo
1. Coloque duas ou três bolas em recipientes, cada um com cerca de uma medida (250 ml) de tinta. Jarras plásticas com alças funcionam muito bem, pois deixam livre uma das mãos.
2. Ponha uma folha grande de papel no fundo da piscina.
3. Quatro ou mais artistas levantam a piscina pelos lados, até alguns centímetros do chão.
4. Um deles, com a ajuda de uma colher ou pinça, levanta as bolas da tinta e as deixa cair na piscina, sobre a folha de papel.
5. Os artistas balançam e movimentam a piscina conjuntamente, para que as bolas rolem sobre o papel, produzindo desenhos.
6. Remova o papel quando estiver pronto e deixe-o secar.
7. Faça mais desenhos, experimentando bolas de diferentes tamanhos.

Variações
- Os artistas podem alternar-se na condição de "jogador de bola", aquele que as joga na tinta e as deixa cair na piscina.
- Faça experiências com diversos tamanhos e tipos de bolas. Por exemplo, bolas de golfe fazem pontinhos; e as de tênis, desenhos borrados.
- Junte vários tipos de bolas de brinquedo para cachorros, com texturas interessantes para pintar.

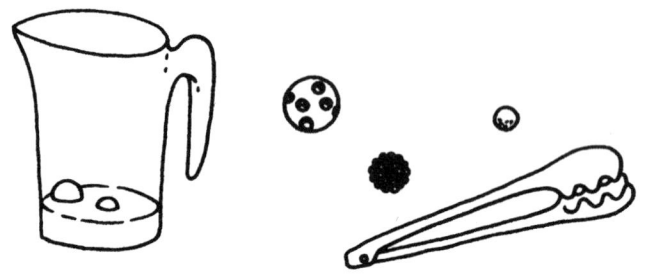

Bolas que você pode experimentar		
a bola do bebê	bola de borracha	bola de golfe
a bola do cachorro	bola de borracha texturizada	bola de gude grande
a bola do gato	bola de brinquedo pequena	bola de tênis
bola de beisebol		

Estourando bexiguinhas

Simplesmente encha bexiguinhas com tinta e água e deixe que elas voem! Esta atividade é só para os artistas mais aventureiros!

Materiais
folha de plástico
fita adesiva
papel de embrulho ou kraft
cadeira ou escada de cozinha
bexiguinhas
aquarelas líquidas ou guache fina
água
recipiente plástico

Processo
1. Proteja a área artística ou o lugar ao ar livre com plástico no chão, o quanto for necessário.
2. Junte folhas de 2 m de papel kraft ou de embrulho, lado a lado, para formar uma grande folha de 2 m de lado. Com fita adesiva, cole essa folha grande ao plástico ou utilize tijolos ou pedras como pesos para fixá-la.
3. Suba na cadeira ou escadinha colocada ao lado do papel.
4. Com a ajuda de adultos, prepare as bexiguinhas. Coloque uma boa quantidade de tinta dentro delas com o gargalo do frasco e complete o resto com água. Feche-as com um nó, de forma que estejam firmes e prontas para estourar.

Dica: coloque o funil na boca da bexiguinha. Despeje a tinta e encha com água para completar. Remova o funil e amarre-a.

5. Encha muitas bexiguinhas com cores diferentes. Mantenha-as em um recipiente plástico até que o trabalho comece.
6. O artista subirá na cadeira ou escada ao lado do papel. Alguém alcança uma bexiguinha cheia de tinta, que é jogada sobre o papel para manchar e fazer um desenho grande. Plaft! Jogue mais bexiguinhas, com cores diferentes.
7. Faça várias pinturas com bexiguinhas estouradas.
8. Quando terminar, pegue uma mangueira e limpe a área. Se estiver dentro de casa, dobre o plástico e leve para fora para limpá-lo.

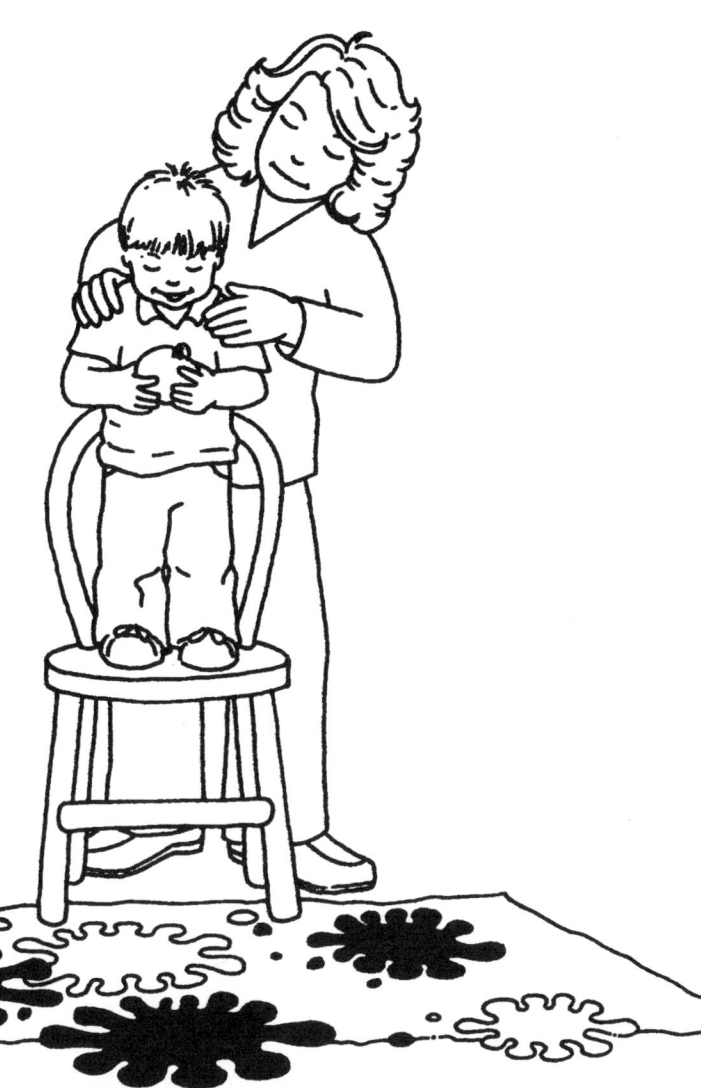

Pintando com luvas de borracha

É muito fácil! Só a idéia de esguichar tinta de uma luva de borracha sobre papel já faz sorrir qualquer artista, seja ele jovem ou velho! Uma coisa é certa: esse é um trabalho artístico muito sujo, mas que vale a pena a cada esguicho!

Materiais
folhas de plástico
fita crepe
várias folhas de papel kraft de 2 m
vários pares de luvas de borracha
prego
tinta guache ou anilina
fios grandes e grossos
fôrmas

Processo
1. Cole folhas de plástico sobre o chão, piso ou mesa, deixando pelo menos 1 m de sobra em torno das beiradas do papel kraft.
2. Coloque o papel sobre o plástico e também cole-o com fita adesiva. É melhor trabalhar ao ar livre, já que a limpeza fica mais fácil, e os artistas podem tirar os sapatos e aproveitar! Caso contrário, trabalhe em um espaço interior grande.
3. A seguir, faça furos na ponta dos dedos de cada luva, com um prego. Faça experiências com o tamanho do furo. Se for muito pequeno, não irá funcionar, mas muito grande irá apenas desperdiçar tinta. Comece com pouco, já que sempre se pode aumentar o furo.

Dica: luvas de borracha grossa funcionam melhor.

4. Dilua a tinta guache com água.[1] Faça uma boa quantidade de cada cor e esteja pronto para preencher novamente as luvas quando for necessário.

Dica de limpeza: acrescente algumas gotas de sabão líquido a cada cor de tinta, para uma limpeza mais fácil.

5. Preencha cada luva com uma cor. Encha-as até o pulso, e feche firmemente a abertura com um fio ou elástico. Coloque cada cor de tinta em uma fôrma. As luvas irão vazar um pouco, de modo que a fôrma ajuda com a sujeira.
6. Atenção... Pintar! Aperte suavemente os dedos de uma luva para ver como a tinta esguicha sobre o papel. Se o furo não for grande o suficiente, aumente-o agora. A tinta irá sair como se você estivesse ordenhando uma vaca. Se apertar no meio da luva, você irá gerar vários esguichos!
7. Encha novamente as luvas quando for necessário.

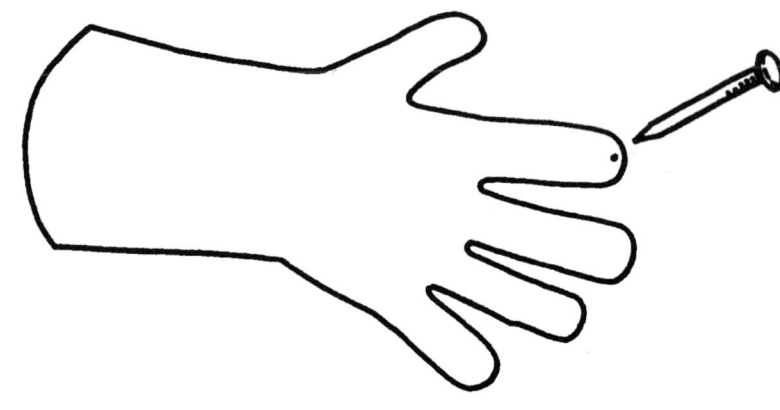

[1] N. de RT. Se preferir usar a anilina, não será preciso acrescentar mais água, pois ela já é aguada.

Pintando com luvas de borracha (continuação)

Variação
- Grampeie a luva cheia de tinta no lado inferior de uma bancada e crie uma atividade de "ordenha da vaca".

A arte do pêndulo vivo

Encontre uma praça com um balanço feito com pneu pendurado em posição paralela ao chão com diversas correntes. Ele servirá como pêndulo perfeito para a criação viva da arte!

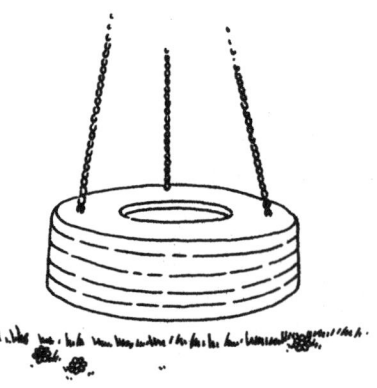

Materiais
balanço de pneu
folha de papelão grande
folhas grandes de papel, enroladas
fita adesiva ou pedras
canetas hidrográficas coloridas grossas

Processo
1. Localize uma praça ou parque com um balanço de pneu, do tipo que fica pendurado em três correntes e balança paralelamente ao chão (veja ilustração). Outros tipos de balanço também funcionam para a arte, mas não irão dar o efeito de pêndulo, girando em direções diversas.
2. O artista deita de barriga para baixo sobre o balanço, com seu rosto voltado para o chão.
3. Coloque a folha grande de papelão sob o artista que está no balanço. A seguir, desenrole uma folha de papel grande sobre o papelão. Cole as pontas ou prenda-as com pedras.
4. Alcance ao artista duas canetas hidrográficas sem tampas, abertas, uma para cada mão. A seguir, empurre o balanço enquanto o artista deixa que os pincéis risquem o papel repetidas vezes, criando desenhos de pêndulo. Se ele quiser, troque as cores das canetas hidrográficas.
5. Faça experiências com diferentes direções do balanço para criar desenhos variados. Utilize também ambos os lados do papel!
6. Retire o papel e o papelão de baixo do balanço antes que o artista desça.

Variações
- Usando o pêndulo vivo, pinte com tintas, em vez de usar canetas hidrográficas.
- Tente fazer "desenhos" com balanços comuns, do tipo que só vai para frente ou para trás.

Pintando com fôrmas de alumínio

Prepare um trabalho pingado, que irá precisar de três pessoas, duas para segurar a fôrma de alumínio e outra para derramar a tinta. Movimente a fôrma enquanto ela pinga sobre o papel, criando uma obra de arte colorida, cheia de manchas e gotas.

Materiais
fôrma de alumínio descartável grande
lápis e tesoura
bandeja de plástico
folha grande de papel kraft
aquarelas líquidas ou guache diluída
2 artistas para segurar a fôrma
1 artista para derramar a tinta

Processo
1. Com ajuda de adultos, faça vários furinhos no fundo de uma fôrma de alumínio descartável com um lápis ou com a ponta de uma tesoura. Comece com poucos. Depois, você poderá fazer mais furos, à medida que as coisas forem acontecendo.
2. Para começar, coloque a fôrma de alumínio em uma bandeja de plástico, próxima a uma folha de papel kraft.
3. Coloque tinta na fôrma, podendo ser uma cor, ou várias porções de cores diferentes. Comece com uma pequena quantidade; depois acrescente mais.
4. Dois artistas seguram a fôrma juntos, sobre uma folha grande de papel kraft. A seguir, eles a sacodem acima do papel, olhando a tinta pingar e manchá-lo.
5. Um terceiro artista poderá ajudar a mudar a cor, mantendo os pingos o tempo todo, ou os dois poderão colocar a fôrma na bandeja e acrescentar, eles mesmos, mais cores!
6. A qualquer momento, pode-se colocar outras folhas de papel sob a fôrma, enquanto ela pinga, para fazer mais e mais pinturas.
7. Quando terminar, lave a fôrma e a bandeja em água limpa (os artistas costumam gostar de observar a água colorida escorrendo pela pia branca).

Variação
- Pingue tinta de um canudo de refrigerante. Tape uma ponta do canudo, coloque-o na tinta, retire-o e solte o dedo para que a tinta pingue no papel.

Tingindo toalhas com *spray*

Arte para o banho ou para a praia! Pendure uma toalha. Está pronto? Aponte e dispare o *spray* para fazer uma toalha colorida como nenhuma outra, e sem gastar muito!

Materiais
um pacote de cada cor de corante para tingimento (Rit)
2 l de água para cada cor
1 colher de sopa de sal (15 ml) para cada cor
2 recipientes de 2 l com tampa, um para cada cor
tubos de *spray*
toalha de banho branca (os hotéis podem doar toalhas velhas e limpas)
pincel atômico permanente
uma cerca, ou outra área de trabalho adequada
alfinetes de segurança grandes, ou pregadores

Processo
1. Misture cada pacote de corante segundo as instruções (Rit, a marca utilizada para esta atividade, utiliza 2 l de água e uma colher de sopa de sal. Leia também as instruções do pacote para obter dicas para um melhor resultado, além de instruções de lavagem).

Dica de limpeza: lembre-se de que esse é um tingimento permanente, que irá colorir para sempre qualquer roupa ou tecido com o qual entrar em contato, de forma que você deve se vestir adequadamente. Trabalhando ao ar livre, você irá diminuir a possibilidade de manchas coloridas na casa.

2. Coloque o corante nos frascos de *spray*.
3. Utilize um pincel atômico permanente para escrever nomes ou criar desenhos nas toalhas, se quiser.
4. Pendure as toalhas em uma cerca. Fixe-as com alfinetes de segurança.
5. Agora a parte divertida! Borrife as toalhas com corante! Deixe as cores misturarem-se sobre as toalhas.
6. Deixe que as toalhas sequem.
7. Siga as instruções do pacote de corante para limpeza.
8. Use as toalhas na praia, no banho, para presentes, ou qualquer outra idéia que você tenha.

Variação
- Faça o tingimento com *spray* e desenhe em outros tecidos, como panos de prato, guardanapos, fitas de cabelo, lenços, faixas para a cabeça, fronhas, lençóis, descansos de pratos, toalhas de mesa, tapetinhos, camisetas e panos de limpeza.

O LIVRO DOS ARTEIROS

Capítulo 2
O básico, só que maior

Movimentos amplos com giz de cera
Pingue e dobre com um amigo
A colossal pintura com cubos
Gravuras no gramado
A gravura do capacho
Desenhando com entretela
Quadro texturizado
Carimbos gigantes
Supertecelagem simples
Mosaico cromático quadriculado
Escultura de argila em grupo
Matrizes no lençol
Afresco grande
Vitral grandioso
O alto-relevo do pedreiro

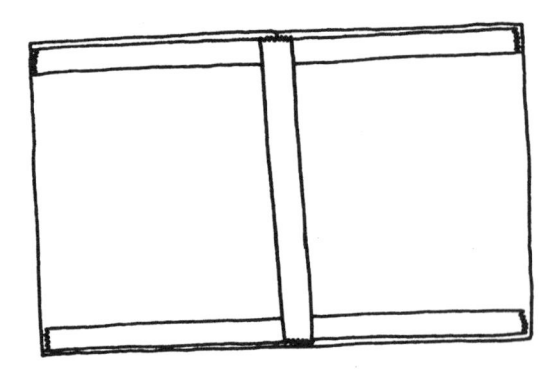

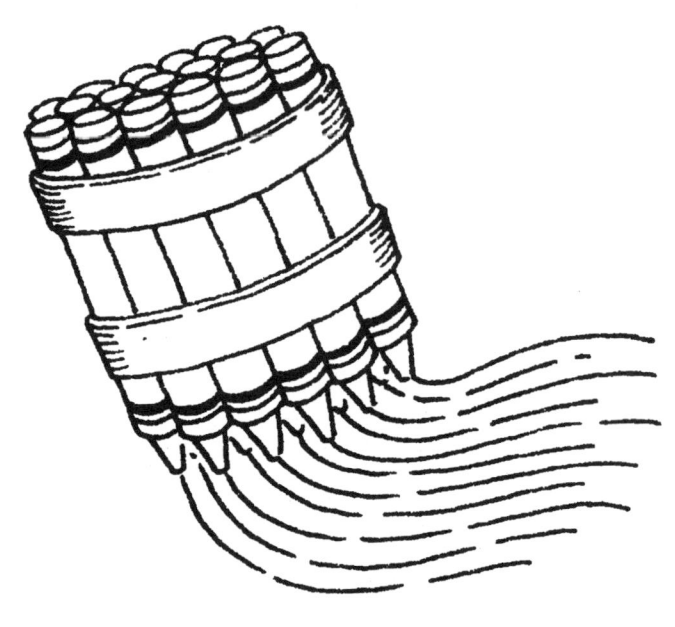

Movimentos amplos com giz de cera

Desenhe usando movimentos de braço o mais amplo possível. Círculos enormes, linhas verticais, além de arcos e movimentos amplos! Torne tudo mais divertido juntando vários gizes de cera com uma fita para fazer um "feixe". Você pode fazer dois feixes, um para cada mão!

Materiais
Folha grande de papel kraft, papel cartolina ou papel color set
fita adesiva
giz de cera
fios grandes, fita crepe ou elástico

Processo
1. Cole o papel na parede, com a ponta inferior tocando o chão e a superior a uma altura maior do que o alcance do artista em todas as direções, quando ele estiver na ponta dos pés.

Dica: para dobrar o tamanho do papel e poder fazer movimentos mais amplos, junte duas ou mais folhas com fita adesiva. Cole-as de cima abaixo, para que não se desprendam.

2. Junte alguns gizes de cera com um fio grande. Coloque todas as pontas na mesma altura, apoiando-as sobre uma folha de papel e batendo levemente para ajustar o fio.
3. Fique em pé na frente da folha de papel e faça movimentos de braços o mais aberto que conseguir, dobrando os joelhos, abaixando-se e esticando-se na ponta do pé, até em cima. Círculos, arcos, linhas amplas e outros movimentos grandes e espichados são divertidos de fazer.
4. Preencha o papel, até que esteja completo.

Variações
- Essa atividade é perfeita para fazer com música.
- Utilize giz, canetas hidrográficas ou tinta e pincéis.
- Para fazer um grande revestimento de giz de cera, pinte sobre o primeiro desenho com pincéis grandes e aquarela brilhante, ou guache diluída. Para divertir-se ainda mais, espalhe a tinta com um objeto reto ou uma espátula.

Pingue e dobre com um amigo

Os artistas adoram jogar borrões de tinta em um pedaço de papel, dobrá-lo e abri-lo novamente para ver as maravilhas mágicas, misturadas e simétricas. Aqui está uma forma de compartilhar a mágica com um amigo nesta nova atividade, de resultados empolgantes e grandiosos.

Materiais
folhas grandes de papel kraft ou cartolina
chão coberto com jornal
tinta guache
xícaras
colheres
pêra de borracha, opcional
dois artistas

Processo
1. Dobre o papel na metade e abra novamente, colocando-o no chão coberto de jornal.

Dica: cartazes velhos ou folhas grandes de papel da lata de lixo reciclável de uma gráfica local funcionam muito bem e vêm em texturas e acabamentos diferentes!

2. Coloque uma cor de tinta e uma colher em cada xícara.
3. Os artistas jogam com a colher ou borrifam tinta sobre o papel, ou ainda esguicham com uma pêra de borracha, na dobra ou em qualquer outra parte do papel.
4. Trabalhando em equipe, os dois artistas dobram o papel, pressionando suavemente sobre a tinta e passando a mão sobre o papel dobrado.
5. Desdobre o papel e observe o maravilhoso desenho simétrico criado conjuntamente.
6. Faça outro, e mais outro, explorando as variações abaixo.

Variações
- Ponha cola colorida no papel, em vez de tinta.
- Utilize papel cortado de antemão em formatos gigantes – círculos, borboletas, corações e assim por diante.
- Use cola colorida sobre papel vegetal ou plástico transparente, para uma aparência de vitral.

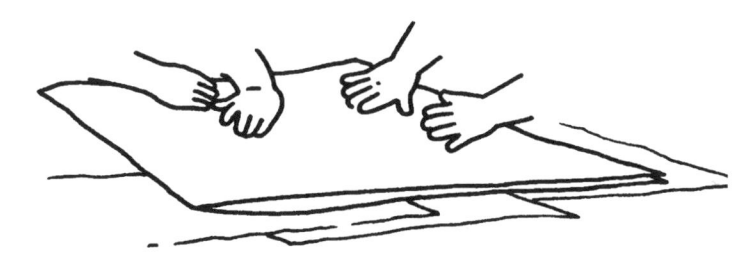

PAPEL DOBRADO

O BÁSICO, SÓ QUE MAIOR   **41**

A colossal pintura com cubos

Prepare-se para uma versão titânica da pintura com cubos de gelo! Congele tinta guache em tigelas e panelas grandes, com "cabos", para vários artistas trabalharem juntos. Eles irão movimentar o pedaço de tinta congelada sobre o papel, criando conjuntamente uma pintura.

Materiais
recipientes grandes, potes, tigelas, panelas, etc.
água
guache ou aquarelas líquidas
folha de alumínio ou plástico para embalar
colheres de plástico, abaixa-línguas ou palitos de picolé
freezer
papel de embrulho, kraft ou cartolina
fita crepe
água morna
dois ou mais artistas

Processo
1. Encha os recipientes com tinta e água misturadas.
2. Cubra bem os recipientes com folha de alumínio ou plástico para embalar. Faça cortes pequenos na cobertura e enfie algumas colheres ou palitos através deles. A cobertura ajudará a segurar os "cabos" no lugar até que a água congele.
3. Congele a tinta e a água durante a noite ou até que estejam sólidas.
4. Enquanto isso, cubra uma mesa com papel kraft. Cole os cantos com fita crepe para que o papel não se mova.
5. Coloque os recipientes em água morna para soltar os grandes cubos de tinta. Ponha-os sobre o papel.
6. Dois ou mais artistas movimentam os cubos de tinta colossais sobre o papel, segurando juntos os cabos. Os cubos irão fazer linhas, formas e manchas com a tinta sobre o papel.

Dica de limpeza: tenha à mão toalhas velhas, para secar pingos de tinta.

Variações
- Varie o tamanho dos cubos, desde os pequenos (para dois artistas) até os muito grandes (do tamanho de uma forma e com 6 cabos).
- Experimente congelar apenas cores primárias. Observe quando elas se misturam no papel, fazendo surgir cores novas.
- Utilize luvas que cobrem só as mãos ou luvas inteiras, dispensando os cabos. É sujo e divertido!

O LIVRO DOS ARTEIROS

Gravuras no gramado

Traga o ambiente ao ar livre para dentro de casa, para aproveitá-lo durante o ano inteiro, pintando o gramado com rolos de tinta e fazendo gravuras com a grama em papel colorido.

Materiais
área grande com gramado
tinta guache
recipientes rasos
pincéis ou rolos de pintura grandes
folhas grandes de papel
mangueira e água

Processo
1. Com a permissão de adultos, escolha uma parte do gramado que possa ser pintada.
2. Coloque tinta em panelas ou recipientes rasos.
3. Pinte a parte escolhida do gramado com pincéis grandes ou rolos molhados em tinta.
4. Antes que a tinta seque, ponha o papel sobre a área pintada, pressione e passe a mão suavemente. Quando levantar, você terá uma gravura do gramado.
5. Faça quantos quiser.

Dica: papel kraft, que vem em rolos, encontrado em lojas de artigos escolares e artísticos, funciona muito bem; folhas grandes de papel-cartão ou o verso de um cartaz de filme[1] usado também são bons.

6. Divirta-se com as impressões da forma como surgirem, ou utilize-as como papel para outros trabalhos artísticos.
7. Quando terminar, pegue uma mangueira e limpe a tinta do gramado.

Variações
- Pinte e faça impressões de outras áreas ao ar livre, como árvores, calçadas, paredes, brinquedos para usar ao ar livre e outras coisas, que possam ser facilmente lavadas com água.
- Faça impressões de grama sintética ou amostras de carpete.
- Corte as gravuras em tiras para usar como linhas ou em outros trabalhos artísticos (veja as páginas 94, 101 e 120).
- Pinte com água limpa (e sem tinta!) pelo prazer de ver desenhos molhados que secam rapidamente. As pedras ficam muito bonitas!

---

[1] N. de RT. Esse cartaz pode ser encontrado na locadora mais próxima.

A gravura do capacho

Gravuras grandes feitas com capachos têm imagens surpreendentes e impressionantes. Pinte capachos decorativos com pincéis grandes e faça magníficas gravuras.

Materiais
tinta guache
recipientes rasos para a tinta
rolos de pintura pequenos ou pincéis grandes
capachos com desenhos texturizados e em relevo
folhas grandes de papel cartolina
mangueira e água

Processo
1. Encha cada recipiente com uma cor de tinta, misturada em uma consistência suave, fácil de espalhar.
2. Passe um rolo sobre um pouco de tinta. A seguir, passe tinta em todo o capacho limpo. Use uma cor, ou muitas. Pincéis largos funcionam bem se você não tiver rolos.

Dica: é bom utilizar capachos jogados no lixo ou de lojas de objetos usados. Primeiramente, passe o aspirador neles, sacuda-os ou lave-os com uma mangueira para retirar a poeira e os detritos. Se for necessário, seque.

3. Espalhe uma folha de papel sobre o capacho pintado. Passe a mão em várias direções, para fazer a gravura.
4. Levante o papel e veja a gravura surpreendente e magnífica que você irá encontrar.
5. Para fazer outra, você pode lavar a tinta com uma mangueira e começar de novo, mas só se quiser. Simplesmente acrescente mais tinta ao capacho que já está pintado e faça outras gravuras!
6. Quando terminar, lave a tinta do capacho com uma mangueira, fora da casa. Seque o capacho e guarde-o até a próxima sessão de gravuras, ou coloque-o, depois de limpo, em uma porta onde ele possa ser usado.

Variações
- Junte diversos capachos, tanto com desenhos quanto com palavras.
- Combine a gravura de um capacho com a de outro, todas na mesma folha de papel.
- Coloque o papel sobre o capacho numa direção para fazer uma gravura. A seguir, repinte o capacho e coloque outro papel sobre ele, em outra direção, fazendo uma rotação de noventa graus.

Desenhando com entretela

Faça um lindo objeto decorativo para a parede, de entretela, um tecido utilizado em confecções. Com a ajuda de um amigo, dobre um quadrado grande, jogue tintas de cores brilhantes, desdobre, e aí está – uma decoração que irá deliciar e impressionar!

Materiais
2 ou mais artistas
pedaços de entretela em quadrados
jornal, uma cortina de chuveiro velho ou uma lona impermeável
aquarelas líquidas ou tintas para tingir tecidos
copos e colheres
percevejos

Processo
1. Com a ajuda de um amigo, dobre um pedaço de entretela três ou quatro vezes, em qualquer direção, como se estivesse dobrando uma toalha ou um pedaço de papel.

Dica: entretela é um forro vendido em lojas de tecido, utilizado para a confecção de roupas e costura, especialmente em golas ou áreas que precisam de reforço. Tem aparência e consistência semelhantes à de filtros de café grossos.

2. Coloque folhas grossas de jornal ou outro material protetor sobre a área de trabalho. Ponha a entretela dobrada no mesmo local.
3. Ponha um pouco de cada cor de tinta em um copo diferente.
4. Jogue tinta com colheres sobre a entretela, deixando encharcar e misturar.
5. Os artistas ajudam a desdobrar o tecido e abrem-no sobre os jornais. Observe a beleza dos desenhos simétricos.
6. Deixe secar completamente, por várias horas. Pendure sobre uma janela, com percevejos, para observar a luz brilhando através das cores.
7. Outras idéias de decoração para a parede:
   - Estique e grampeie o tecido em uma moldura de madeira.
     Estique-o sobre um pedaço de papelão, dobrando as bordas em torno dele e prendendo-o com fita adesiva.

Variações
- Corte a entretela em quadrados menores e faça botões de flores. Junte o tecido no centro e enrole-o com um pedaço de arame, que também será o caule. Coloque-o em um vaso ou recipiente.

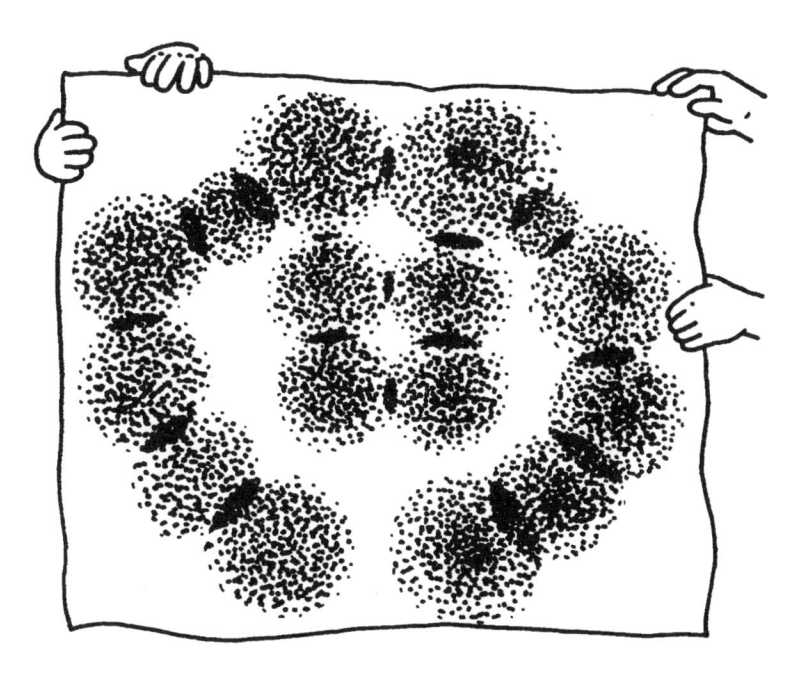

O BÁSICO, SÓ QUE MAIOR **45**

Quadro texturizado

Produza lindas obras de arte, do tamanho das que são expostas em galerias, cada uma diferente da outra! O quadro é feito basicamente pelo adulto, mas a criatividade pertence ao artista.

Materiais
tábua de compensado, com cerca de 1 por 1,5 m
materiais para as texturas (veja lista)
cola de cimento e escova ou pistola de cola quente (somente para adultos)

PRODUZINDO O QUADRO TEXTURIZADO (ADULTOS)

O processo do adulto com a visão do artista

1. Cole as peças para a textura na tábua de compensado, cobrindo-a toda, em qualquer disposição. O artista auxilia com a composição da imagem, mas um adulto utiliza a cola de cimento ou pistola de cola quente para construir o quadro.

Dica: coloque cola quente no quadro e nas peças, para que a adesão seja boa.

2. Deixe secar completamente antes de fazer as gravuras. Não se esqueça do seguinte:
   – Certifique-se de que o local seja bem ventilado.
   – Mantenha a altura das peças da textura uniforme e nivelada, para melhores resultados na gravura.
   – Utilize plástico fino ou pedaços de madeira para levantar itens mais finos (azulejos, por exemplo).

Materiais para experimentar na textura	
azulejos de cerâmica	partes de brinquedos antigos
botões	pedaços de botões de plástico
canetas italianas para bingo	pedras
casca de árvore	pequenos ramos
espaçadores de azulejos	placas de carro velhas
fichas de jogo	qualquer coisa com uma textura interessante

46 O LIVRO DOS ARTEIROS

Quadro texturizado (continuação)

FAZENDO GRAVURAS COM O QUADRO TEXTURIZADO (ARTISTA)

Materiais
quadro texturizado
pincéis e/ou rolos de tinta
tinta guache
papel kraft ou folhas grandes de papel

Processo
1. Pinte o quadro texturizado com várias cores de tinta, cobrindo-o todo, ou simplesmente escolhendo algumas partes.
2. Coloque o papel sobre o quadro pintado e pressione o outro lado.
3. Levante-o para observar a gravura.
4. Coloque-o ao lado para secar.
5. Faça outras gravuras, experimentando trocar a posição das cores.

Variações
- Acrescente um pouco de cola branca na tinta e jogue purpurina na gravura depois de pronta.
- Utilize cores de Natal para criar embalagens únicas para presentes.
- Gravuras grandes são fundos excelentes para colagens fotográficas ou trabalhos artísticos.
- O papel com gravuras impressas pode ser cortado em tiras para ser usado para tecelagem ou em outros trabalhos artísticos.

Carimbos gigantes

Todo mundo gosta de carimbos e almofadas de tinta. Tudo o que é necessário para esse trabalho é uma vontade muito grande de carimbar.

Materiais
compensado ou aglomerado de madeira finas
folhas finas de espuma densa, como as de roupa de mergulho, ou *mouse pads* de computador
tesoura
pistola de cola quente (somente para adultos)
carretéis de linha vazios
toalhas de mão velhas
recipientes rasos
tinta guache
folhas grandes de papel

Processo
1. Quando comprar a madeira, peça para que seja cortada em quadrados de cerca de 15 cm de largura.

Dica: pedaços de madeira baratos costumam ser vendidos em ferragens ou lojas de material de construção.

2. Corte a espuma em formatos como círculos, quadrados, gotas, letras, flores, animais, etc. Um adulto poderá colar as formas na tábua com a pistola de cola quente. O artista é quem orienta como será colada a forma de espuma.
3. Um adulto, com a pistola, cola um carretel no centro do lado inverso da tábua, para servir de cabo.
4. Para fazer a almofada, dobre uma toalha velha em quatro. Coloque-a em um recipiente raso e acrescente muita tinta. Faça uma dessas para cada cor de tinta.
5. Pressione o carimbo gigante contra a almofada de tinta e depois sobre o papel, fazendo desenhos gigantes.

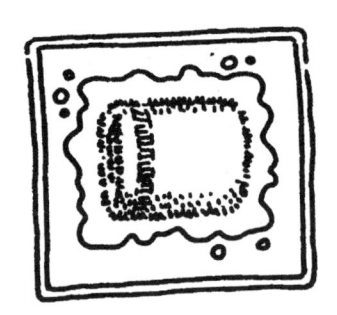

Variações
- Para um carimbo-bloco, cole, com a pistola (apenas adultos), formatos em espuma em todos os seis lados de um cubo de madeira. Passe os lados do cubo em uma almofada de tinta e depois sobre o papel.
- Experimente fazer carimbos muito grandes ou muito pequenos.

Dobre uma toalha de mão velha em quatro...
Coloque muita tinta
para fazer uma almofada.

Supertecelagem simples

Guarde um pedaço de papelão grosso para fazer uma tecelagem que não exige experiência, apenas determinação e todos os fios que você puder encontrar!

Materiais
papelão grosso
estilete (somente adultos) ou tesoura
sisal, linha, tiras de tecido, lã

Processo
1. Com a ajuda de adultos, corte um quadrado de papelão de 1 m de lado, ou qualquer outro tamanho que o artista quiser.
2. Com a ajuda de adultos, mais uma vez, faça pequenos cortes em toda a borda de papelão. Eles deverão ter cerca de 3,1 cm de lado e 8 cm de distância entre um e outro.
3. Corte pedaços de fios ou outras fibras de 4 m de comprimento, para tecer e enrolar com mais facilidade.

Dica: Faça novelos com os fios ou o sisal, para desenrolar mais facilmente do que meadas ou pedaços muito longos.

4. Dê um nó no final do fio, coloque-o em uma das fendas, de forma que a parte sem nó fique para a frente de papelão (o nó fica atrás). Leve o fio pela frente do papelão, até uma outra fenda de sua escolha.
5. Enrole na fenda e retorne por outra, também pela frente. Agora, cruze o papelão mais uma vez, repetindo a operação. Se acabar o fio, amarre um pedaço novo ao antigo e continue enrolando e tecendo.
6. Enrole e teça até que o papelão esteja cheio; e você, satisfeito.
7. Amarre a parte final do fio a um outro, para dar acabamento.

Variações
- Teça e enrole outros materiais entre os fios, como tiras de tecido rasgado, bordas de cortina, fita encaracolada, fita de cabelo, e assim por diante.

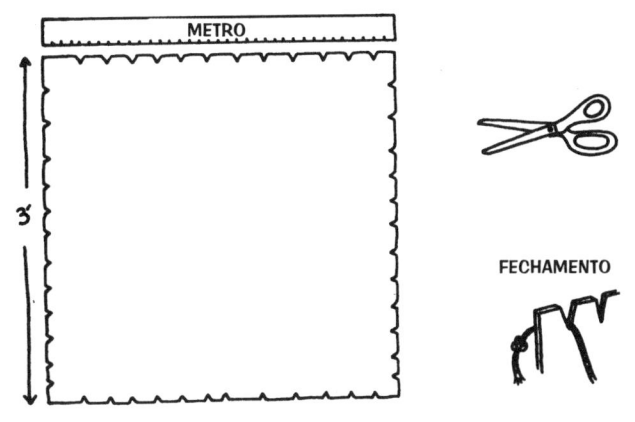

O BÁSICO, SÓ QUE MAIOR

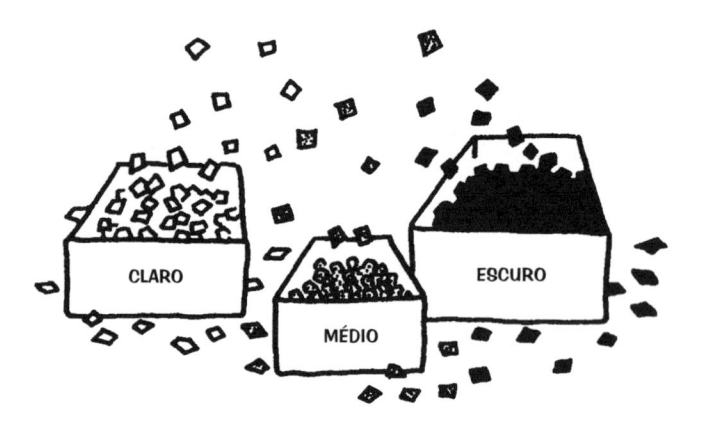

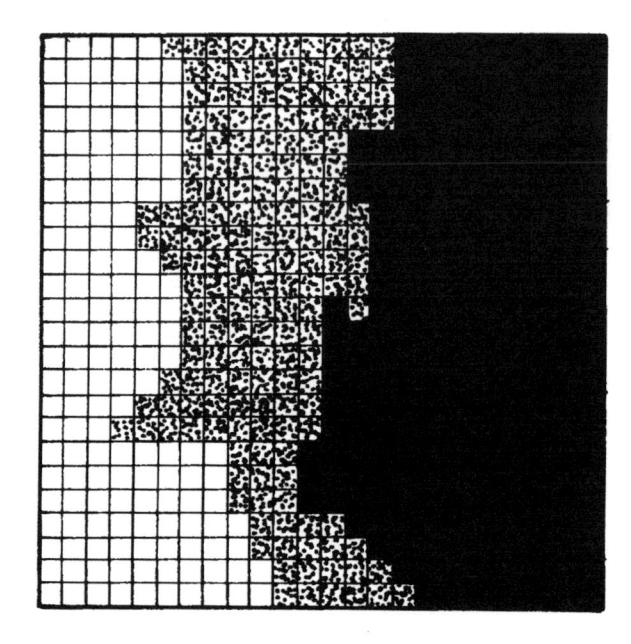

Mosaico cromático quadriculado

Utilizando pedaços coloridos de caixas de cereais, faça uma obra de arte quadriculada e muito colorida, que passa de uma tonalidade de cor para outra, de claro para escuro, em todo o quadro.

Materiais
caixas de cereais ou outros tipos de caixas leves e coloridas
tesoura (ou estilete, somente para adultos)
5 ou mais caixas
cola
pedaço grande de papelão ou papel-cartão branco

Processo
1. Corte as caixas ou outros pedaços de papelão leve em centenas de quadrados de 5 cm de lado. Um adulto pode utilizar um estilete para fazer o corte mais rapidamente.
2. Separe os quadrados em caixas diferentes de acordo com as tonalidades, isto é, pelas cores mais escuras ou mais claras. Por exemplo, você pode colocar bege, branco e cinza como tonalidades de branco; ou vermelho, vermelho-alaranjado e rosa choque como tonalidades de vermelho.
3. Quando as cores forem separadas, enfileire as caixas, das tonalidades mais claras até as mais escuras.
4. Comece colando os quadrados mais claros um do lado do outro no papel-cartão. Quando as cores mais claras forem coladas, troque para uma cor levemente mais escura. Quando essas acabarem, passe para a cor mais escura seguinte, até que todas as cores tenham sido utilizadas.

Dica: Quando colar os quadrados, encoste os lados de cada um ao outro. Eles podem ser colados em linhas longas ou em outros padrões, mas sempre encostados.

5. Observe o mosaico, passando de claro para escuro! Que bonito!

Variações
- Corte fotografias em quadrados e faça um mosaico policromático, utilizando o procedimento acima.
- Use azulejos de cerâmica, potes quebrados ou pratos, ou ainda pedaços de plástico para fazer os mosaicos.
- Faça mosaicos em ambos os lados de uma caixa de papelão e pendure-a por um dos cantos.

50 O LIVRO DOS ARTEIROS

Escultura de argila em grupo

Nada como sentir argila macia e fria. É um material relaxante, que estimula a imaginação, a criatividade e a descoberta. É só dar aos artistas algumas ferramentas adequadas, argila, espaço e muito tempo para criar.

Materiais
muitas mãos e uma grande quantidade de imaginação
argila úmida
tábua de compensado com cerca de 1 m de lado
pequenos recipientes com água
esponjas
ferramentas para modelar (veja lista)
tinta guache, opcional
pincéis, opcionais

Processo
1. Cada artista irá precisar de cerca de 1/4 kg de argila (250 g).
2. Os artistas devem ficar em torno da base de madeira compensada. Trabalhando juntos, com porções individuais de argila, construa e crie uma escultura grande, feita em grupo, seja uma forma abstrata ou figurativa.
3. Use esponjas úmidas para alisar a argila. Com ferramentas adequadas, crie texturas ou linhas retas. Faça descobertas e divirta-se até não querer mais, aí amasse tudo e comece novamente.
4. Vá aumentando a escultura durante vários dias (argila seca pode ser umedecida com esponjas mergulhadas em água).[1]
5. Quando os artistas concordarem que a obra está completa, deixe-a secar até que tenha uma cor clara, de terra.
6. Quando estiver seca, pinte-a com guache, se quiser.

Dica: como essa argila não foi ao forno, ela não é resistente como objetos de cerâmica, que podem ser usados à mesa ou como vasos. É simplesmente argila seca.

Ferramentas a serem experimentadas	
espátulas	palitos
esponjas	pedaços de madeira chata
facas	pedaços de palha de vassoura
garfos	pinos de madeira
instrumentos cortantes	qualquer coisa que você imaginar

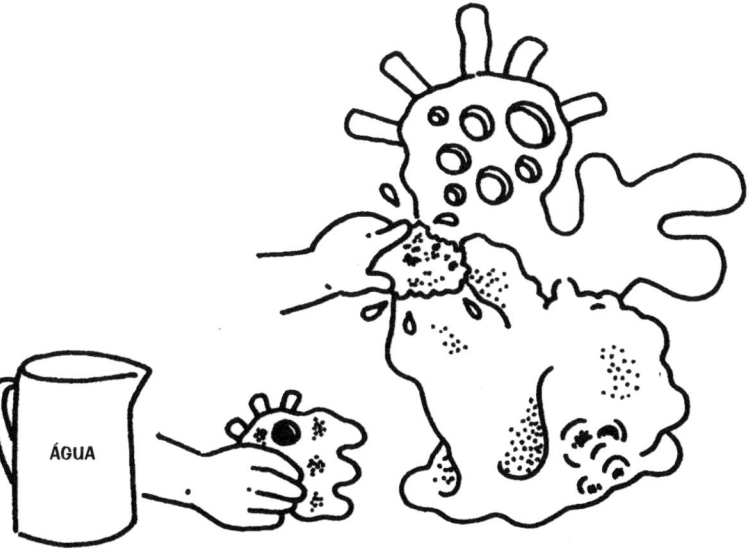

[1] N. de RT. Para que a argila não seque de um dia para o outro, cubra-a com tecido molhado.

O BÁSICO, SÓ QUE MAIOR

Matrizes no lençol

Decore um lençol com tinta de tecido e matrizes. Quando as matrizes forem retiradas, os desenhos irão permanecer para serem apreciados por muitas noites de sonhos.

Materiais
folha de plástico ou jornal
fita crepe
lençol branco ou roupa de cama
vinil auto-adesivo, como Con-Tact
tesoura
tinta de tecido em recipientes
pincéis

Processo
1. Cubra uma mesa ou parede com uma folha de plástico ou jornal.
2. Cole o lençol na mesa ou na parede com fita crepe grossa. Mantenha-o esticado, se for possível.
3. Corte formatos variados no vinil, podendo ser abstratos ou formar uma imagem ou uma cena. Você pode também fazer bordas de vinil.

Dica: corte letras da forma como serão lidas, e não ao contrário.

4. Retire a proteção dos formatos cortados em vinil. Cole-os no lençol de forma aleatória, ou em um desenho planejado. Alise-os para remover a rugas e bolhas.
5. Pinte o lençol com a tinta de tecido, por cima dos adesivos de vinil. Deixe secar.
6. Retire as formas em vinil e veja os espaços em branco que ficarão.
7. Pinte em um lençol ou faça um jogo completo, incluindo fronhas.
8. Para lavar, leia as informações do tecido ou do recipiente da tinta. Geralmente a lavagem remove apenas uma pequena parte da cor, deixando os tecidos pintados para que se possa apreciá-los.

Variações
- Cole os formatos em vinil e pinte sobre eles, como indicado acima. Deixe secar e descole-os. A seguir, acrescente uma segunda camada de formatos, sobrepondo-os sobre as formas das matrizes originais, em branco. Pinte, deixe secar, retire-os novamente. As cores irão se misturar, umas por cima das outras. Isso é uma forma de batique, que é feito com camadas de cera.

RETIRE A PROTEÇÃO...

52   O LIVRO DOS ARTEIROS

Matrizes no lençol (continuação)

Variações
- Recorte letras no vinil e escreva palavras, um cartaz de comemoração ou outra mensagem.
- Recorte uma forma em um pedaço de vinil adesivo. O pedaço é a matriz positiva e o recorte é a matriz negativa. Faça desenhos com ambas.
- Crie um cartaz dizendo *feliz aniversário*, que possa ser utilizado todos os anos. Faça um para cada membro de sua família!
- Pinte e imprima matrizes em outros tecidos, como uma toalha de mesa, descansos de pratos, uma borda para cortinas, camisetas, e assim por diante.

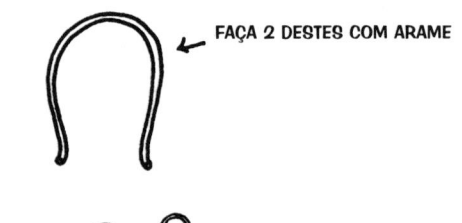

Afresco grande

Espalhe gesso em uma caixa de pizza grande. Quando estiver ficando firme, mas ainda úmido, pinte sobre ele para fazer um afresco grande e fácil (uma pintura sobre gesso). Quando o gesso estiver completamente seco, retire a caixa de pizza e exponha o afresco.

Materiais
gesso de construção, pronto para usar e de secagem rápida[1]
ferramenta de espalhar papel de parede ou qualquer espátula
caixa de pizza grande
2 pedaços de arame grosso, cada um com cerca de 10 cm de comprimento
guache, aquarela ou anilina pronta
copos
pincéis, com pontas pequenas a médias

Processo
1. Espalhe gesso com a espátula em uma caixa de pizza grande, em uma espessura de cerca de 3 cm. Faça o mais liso possível, nivelando buracos e pontas. Para afrescos maiores, use formas maiores.
2. Dobre um pedaço de arame para fazer um arco em formato de ferradura. Repita. Enfie as pontas do arame na parte superior do gesso úmido, de forma a deixar cerca de 1,5 cm para fora. Deixe-os secar ali, para que sejam usados como ganchos.
3. Deixe o gesso parado por várias horas, até que esteja bem duro e firme, mas ainda úmido.

Dica de limpeza: lave o gesso das ferramentas fora de casa. Um pouquinho na pia não faz mal algum, mas uma grande quantidade pode entupir o ralo.

4. Pinte diretamente sobre o gesso úmido. A tinta será absorvida suavemente pela mistura, enquanto você pinta.
5. Quando terminar, deixe que o afresco seque completamente.
6. A seguir, retire a caixa de pizza para que o afresco possa ser visto. Pendure-o pelos ganchos de arame.

Variações
- Espalhe gesso:
  - sobre papelão. Deixe secar completamente o desenho ou pinte o gesso endurecido com canetas hidrográficas, giz, tinta acrílica ou giz pastel oleoso.
  - em uma caixa de pizza, e a seguir coloque itens, como tecido e alguns objetos interessantes, fazendo uma colagem no gesso úmido. Deixe secar.

---

[1] N. de RT. Se você não achar gesso pronto, use-o em pó e misture-o com água, seguindo as instruções da embalagem.

54   O LIVRO DOS ARTEIROS

Vitral grandioso

Você gostaria de ter um vitral magnífico para decorar sua janela ou ver cores fortes com o sol brilhando através delas? Faça objetos decorativos para qualquer janela, pequena ou grande!

Materiais
papelão
estilete grande (somente adultos)
papel vegetal
fita adesiva larga ou cola
jornal ou folha de plástico
amido de milho ou cola branca diluída em água
tigelas
papel celofane, folhas inteiras ou retalhos grandes
tesoura, opcional
escovas ou esponjas
percevejo ou fita adesiva

Processo
1. Um adulto irá preparar o papelão com um estilete: corte quadrados dentro do papelão, deixando "molduras" (veja a ilustração). O papelão irá parecer mais ou menos como uma janela com vidraças de papel vegetal e molduras de papelão. Se quiser, corte o papelão do mesmo tamanho da janela que você deseja decorar.
2. Cubra as aberturas do papelão com papel vegetal. Utilizando fita adesiva larga, cole o papel vegetal na parte de trás do papelão. Cola também serve.

Dica: se as aberturas do papelão forem maiores do que o papel, junte folhas de papel umas nas outras, até obter o tamanho suficiente para cobrir os orifícios (utilize uma fita adesiva transparente).

3. Coloque jornal ou plástico sobre a mesa de trabalho ou piso. Coloque a janela de papelão sobre essa cobertura.
4. Ponha tigelas de amido de milho diluído em água próximas ao papelão.
5. Corte ou rasgue papel celofane em pedaços grandes e formas variadas. Alguns artistas trabalham de forma aleatória, outros produzem uma cena pitoresca ou uma imagem planejada. Uma imagem em retalhos também pode ser bonita.

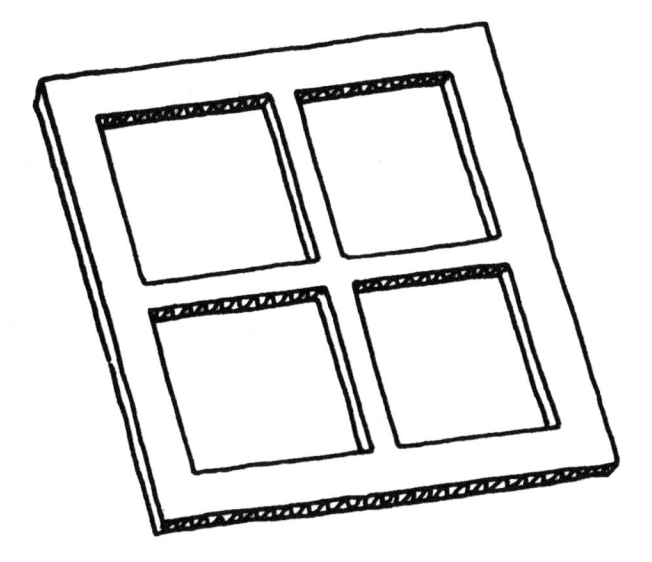

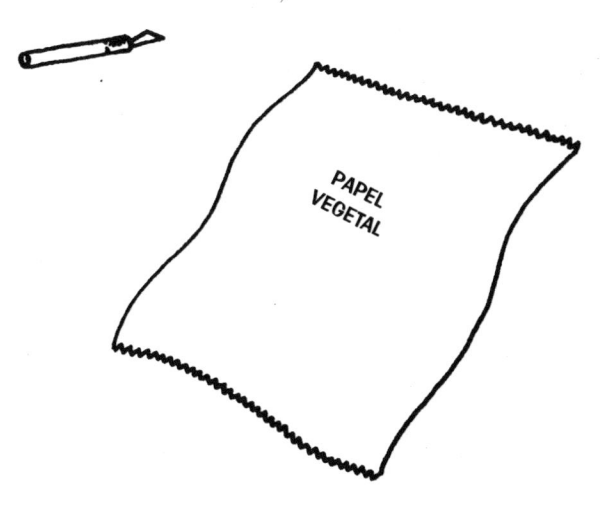

O BÁSICO, SÓ QUE MAIOR

Vitral grandioso (continuação)

6. Grude o papel celofane sobre o papel vegetal com cola de amido de milho ou cola branca diluída. Coloque os pedaços um sobre os outros de forma que o papel vegetal seja totalmente coberto. Também se pode colocar pedaços de papel celofane uns sobre os outros (por exemplo, uma estrela no meio de um círculo). Ensope cada pedaço de papel de arte com cola. Trabalhe até que o papel vegetal esteja coberto com desenhos coloridos de papel celofane.
7. Deixe o papel celofane secar durante a noite. No dia seguinte, leve o vitral até a janela escolhida. Percevejos ou fitas podem prendê-lo no lugar. Veja o sol brilhar através dele! Quando estiver escuro, deixe as luzes acesas e vá para fora ver o seu vitral brilhando na noite.

Variações
- Faça painéis que contem uma história. Coloque-os enfileirados, formando uma grande janela.
- Faça decorações de Natal ou outras idéias para festas. Use-as todos os anos.
- Trabalhe com folhas grandes de plástico transparente para embalar, sem papelão. Com fita adesiva, coloque o plástico na janela quando terminar.

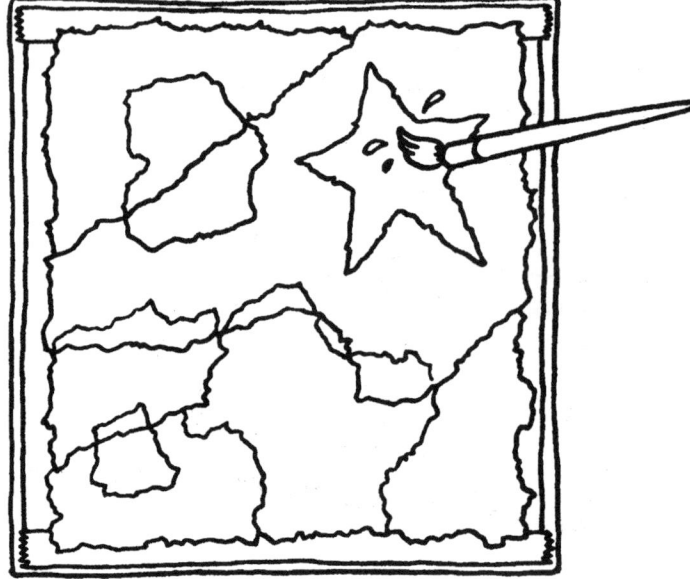

PAPEL VEGETAL COLADO NA JANELA

AMIDO DE MILHO DILUÍDO EM ÁGUA

56 O LIVRO DOS ARTEIROS

O alto-relevo do pedreiro

Construa um painel mostrando todas as coisas interessantes que se pode encontrar em uma construção, com a ajuda dos pedreiros. A seguir, cubra-o com gesso, deixe secar e pinte! É como construir uma obra de arte!

Materiais
local de uma construção (outro espaço de trabalho)
tábua grande
pedaços de madeira, lascas, pedaços de tábuas, pedaços de gesso
martelo e pregos (tenha cuidado)
óculos de segurança
tubo de gesso
colher de pedreiro, espátulas ou pedaços de papelão
restos de tinta ou qualquer tinta
pincéis de parede

Processo
1. Esse trabalho é bom para fazer dentro de uma obra (com a permissão do pedreiro, é claro!), mas se não for possível, leve tudo para dentro de casa.
2. Coloque uma tábua grande no chão. Comece pregando pedaços de madeira sobre ela. Tome cuidado para que os pregos não atravessem a tábua e saiam do outro lado.

Dica: Essa parte deve ser supervisionada cuidadosamente por adultos, e todos devem usar óculos de segurança.

3. Faça um trabalho plano ou construa uma estrutura alta.
4. Quando terminar, abra o tubo de gesso e espalhe-o sobre os pedaços de madeira com a colher de pedreiro. Tome cuidado com qualquer ponta de prego que possa estar exposta. Cubra tudo até que toda a escultura esteja branca. Deixe secar durante a noite, pelo menos por 24 horas. A estrutura deve ser levada para dentro ou para uma área coberta para secar.
5. Pinte o trabalho com pincéis de parede. A tinta cairá de forma suave e lisa sobre o gesso. Deixe algumas partes da escultura em branco, se quiser. Pinte muito. A seguir, deixe secar em uma área coberta.
6. Deixe a escultura ou o relevo no local da obra para que os pedreiros, carpinteiros, encanadores e eletricistas a apreciem, ou leve-a para um local em casa, na escola ou na galeria de arte mais próxima, para ser exposta!

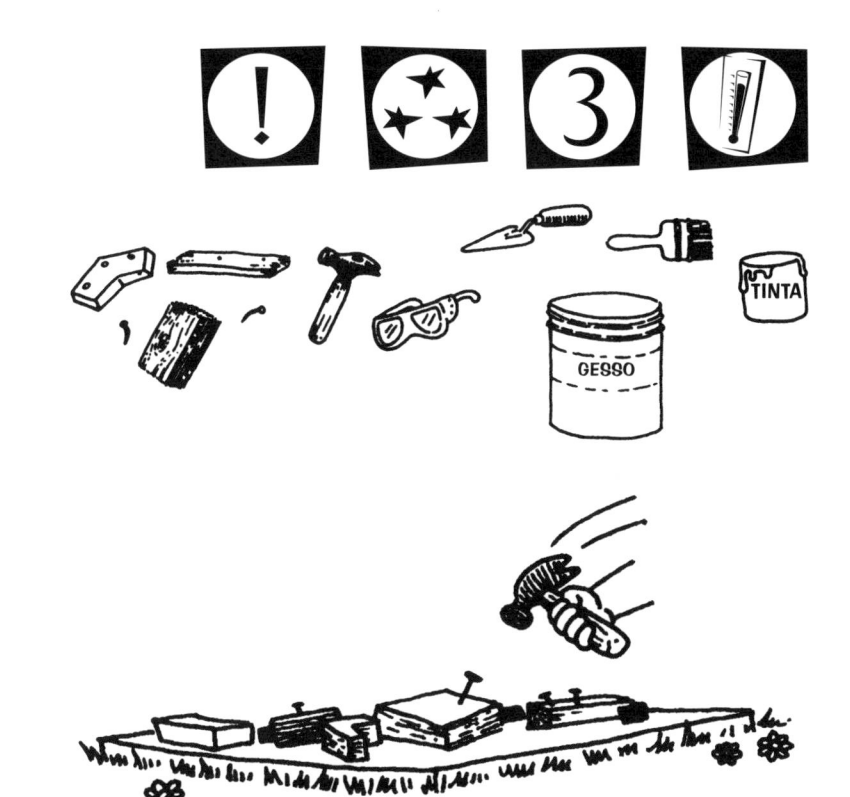

O BÁSICO, SÓ QUE MAIOR

Capítulo 3
Pincéis de todos os tipos

Pintando com outras coisas, que não pincéis
Lista de coisas com que se pode pintar, além de pincéis
Descubra seus próprios instrumentos para pintura
Pintando com galhos de pinheiro
Pintando com rolos e fios
Pintando com esfregões e vassouras
Escovas marcadoras
A obra de arte das fitas
Raspando com rodos
Gravuras com partes do corpo
Pintando com skate
Pintando sem as mãos
Pintando com cordas
As miçangas dançantes
Borda de papel de parede com gravura de trapo

Pintando com outras coisas, que não pincéis

Mergulhe, arraste, aperte e pressione coisas encontradas na cozinha, na garagem, no quarto de brincar e no pátio. Qualquer coisa vale! Faça gravuras, pinturas, espalhe tinta, faça quadros texturizados ou imagine arte experimental. Confira a lista nas páginas 61 e 62 para ver outras idéias.

Materiais
tinta guache e pigmento em pó
fôrmas rasas e abertas
massageador de costas de madeira
papel

PINTURA, NÃO MUITO SUJA, COM MASSAGEADOR DE COSTAS

Processo
1. Coloque a tinta em um recipiente raso e aberto.
2. Role o massageador de costas com rodas de madeira na tinta (parece um carrinho de madeira com um cabo em formato de U, e 4 rodas).
3. Role-o sobre o papel.
4. Observe os desenhos surpreendentes que ele faz!
5. Lave-o quando estiver pronto e guarde-o para mais experiências com pintura.

PINTURA SUPERSUJA COM PÊRA DE BORRACHA

Materiais
pigmento em pó, pedaço grande de papel, pêra de borracha,[1] recipiente com água

Processo
1. Trabalhe ao ar livre.
2. Salpique pigmento em uma folha grande de papel.
3. Coloque um pouco de água na pêra de borracha.
4. Esguiche-a no papel e deixe secar.[2]
5. Ou, como uma variação, encha xícaras com tinta guache, mergulhe a pêra de borracha na tinta e esguiche-a num pedaço de papel branco. Trabalhe ao ar livre e lave os respingos com uma mangueira.

---

[1] N. de RT. Esse material é vendido em farmácia. Um conta-gotas pode substituir a pêra.
[2] N. de RT. Depois de seco, vire o papel sobre um jornal para que o pigmento, que não foi molhado, caia.

60 O LIVRO DOS ARTEIROS

Lista de coisas com que se pode pintar, além de pincéis

A
acabamentos de madeira
alfinetes
animais de plástico
animais de plástico/brinquedos ou os seus pés

B
balões
barbante colado em torno de tubo de papel toalha
barbantes diversos
barbantes ou fios
batedor de bifes
blocos
bolas de folha de alumínio
bolas de golfe
bolas de gude
bolas de qualquer tipo
bolas
boneca
borrachas de vedação
botas
botões
brinquedos

C
cabelo, use o seu próprio
caixas de ovos
calhas de plástico
canetas hidrográficas sem tinta
canetas italianas de bingo
canudos
carimbos de borracha velhos
carretéis de linha velhos
carrinhos de brinquedo
carros com rodas
cestas de frutas
cestas de plástico para morangos
chaves

coisas para relevo, coladas em papelão, rolos de papel toalha ou luvas
colheres
colheres de pedreiro, de vários tipos
conchas
conta-gotas
copos de medida
copos de papel
cortadores de biscoitos
cubos de gelo

D
dedos, mão, dedos dos pés, pés
dentes-de-leão
desentupidor de pia
dominós

E
embalagem plástica amassada
escova de aplicação de papel de parede
escova para alisar papel de parede
escovas de dentes
escovas de lavar louça
escovas de vaso sanitário (limpas, é claro)
esfregões
esmagadores de batatas
espaçadores de azulejos
espanadores de pó
espátulas
espinhos
esponjas diversas para bebê
esponjas em formatos diversos
esponjas, cortadas ou inteiras
espuma de vedação de janelas

F
fichas de jogo
fios, amarrados juntos

fitas, em torno de objetos
flores
folhas
fôrmas de quindim
frascos de *spray*
funis

G
garfos
garrafas com bombeador
garrafas médias de refrigerante
giz de cera

H
hastes flexíveis de algodão

I
iscas de borracha
isopor/bandejas de legumes/bandejas de carne

J
jornais amassados

L
latas molhadas em tinta fazem bons círculos
linha de costura
luvas

M
maçanetas
medidas em geral
meia-calça, com o pé cheio de areia
meias cheias de areia
meias de náilon
molas
moldes
moldes de gelatina

PINCÉIS DE TODOS OS TIPOS **61**

P
painel de treliça
palitos
palitos de picolé
palitos para trabalhos manuais
panos de chão
papel crepom
papelão, com barbante colado a ele
parafusos de cabeça grande
partes do corpo
partes quebradas de brinquedos
peças de jogo de damas
pedaços de carpete ou estofamento
pedaços de espuma
pedaços de papelão
pentes
pequenos foles
pincéis grandes, do tipo de pintar casas
pinhas
pipetas
pisos antiderrapantes
pisos de vinil
plástico-bolha
pulverizadores

Q
quaisquer brinquedos com rodas
qualquer coisa que você puder encontrar
qualquer material de cozinha

R
recipientes com furos na tampa
rede de plástico para frutas
redes de banho
restos de madeira
rolhas

rolo de aplicação de papel de parede
rolo de massa
rolo de massa, com tecido ou barbante enrolado nele
rolos de cabelo
rolos de pintura

S
sabugos de milho, secos
sapatos
suporte de sabonete com pinos
suporte de sabonete com ventosas

T
tábuas de lavar
tampas de frascos, recipientes, garrafas
tampas de garrafa
tampas de plástico
tecidos de texturas variadas
trincha
trituradores
tubo de borracha
tubos de apertar
tubos de desodorante
tubos de filme
tubos de papel-toalha
tubos de *spray*

U
utensílios
utensílios de cozinha

V
vá procurar na garagem, na cozinha, em objetos usados, na rua
vassouras, tamanho de criança ou normal

Descubra seus próprios instrumentos para pintura

Vá fazer uma busca na ferragem para descobrir coisas interessantes e diferentes, que podem ser utilizadas em pintura. Algumas delas, não muito caras, são apresentadas neste trabalho, muito artístico e gratificante.

Materiais
objetos da ferragem (veja lista)
papel de qualquer tipo
guache
recipientes rasos
balde ou bacia com água limpa

Processo
1. Vá até a ferragem e procure objetos legais para usar em pintura. Alguns serão bons para esfregar, fazendo padrões e texturas. Outros serão usados como pincéis. E outros, ainda, servirão para fazer gravuras. Escolha alguns para manter junto ao material de pintura.
2. Abra o papel.
3. Coloque a tinta em recipientes rasos e deixe-a próxima ao papel.
4. Explore os instrumentos da ferragem fazendo gravuras, texturas e pinturas. Experimente novas técnicas e veja o que acontece.
5. Lave os instrumentos novos e guarde-os para uma outra experiência artística.

Objetos da ferragem que se pode experimentar	
acabamentos de madeira	esponja de vedação auto-adesiva
borrachas de vedação	molas
cabos com textura	painéis de treliça
colher de pedreiro chanfrada	pisos de vinil
colher de pedreiro fina	potes de medida
escovas de aplicar e alisar papel de parede	

PINCÉIS DE TODOS OS TIPOS **63**

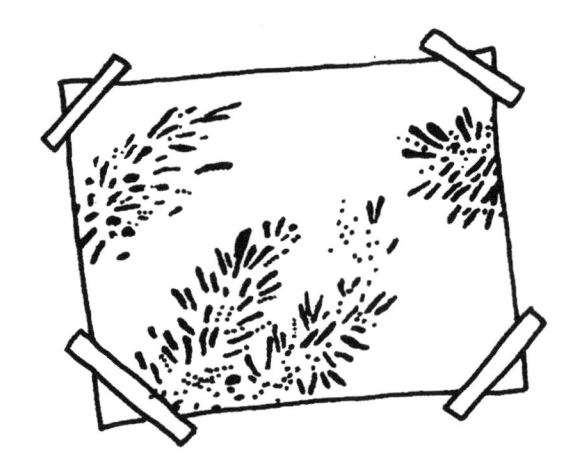

Pintando com galhos de pinheiro

Pintar com galhos de pinheiro ou ramos de sempre-viva é melhor durante o inverno, mas pode ser feito em qualquer época do ano. Você pode pedir pequenos pedaços em lojas de árvores de Natal. Que fragrância nostálgica!

Materiais
folhas grandes de papel
fita adesiva
tinta guache
recipientes grandes e rasos
galhos de pinheiro ou ramos de sempre-viva
luvas de jardinagem, opcionais

Processo
1. Com fita adesiva, cole folhas grandes de papel em uma parede ou mesa.
2. Coloque cerca de 3 cm de tinta em recipientes mais ou menos rasos. Deixe mais tinta à mão para encher novamente os recipientes quando for necessário.
3. Mergulhe um galho de pinheiro na tinta e pinte o papel como se fosse um pincel. Se quiser, use luvas de jardinagem para manter as mãos limpas e livres da seiva.
4. Explore outras técnicas de pintura, como apertar, bater, arrastar, empurrar, varrer ou dar pancadinhas com os galhos.
5. Continue preenchendo o mesmo pedaço de papel ou use uma folha nova.
6. Quanto mais forem utilizados, mais os galhos e ramos irão perfumar o ar com uma fragrância maravilhosa.

Variações
- Se você celebra o Natal, pinte com várias tonalidades de verde sobre papel de embrulho branco, a seguir, corte-o no formato de uma árvore. Pendure a árvore na parede e decore-a com alguns "ornamentos" pintados à mão.
- Junte muitos ramos e amarre-os juntos para fazer uma vassoura.

64 O LIVRO DOS ARTEIROS

Pintando com rolos e fios

Todo mundo que experimenta gosta. Amarre fitas em um rolo de pintar, em vez de utilizar um rolo de espuma comum, mergulhe na tinta e faça trabalhos cheios de laços e borrifos!

Materiais
rolos de pintura de 8 a 15 cm
fios e fitas grandes
guache
bandejas de pintura longas e rasas
papel

Processo
1. Amarre firmemente as fitas na armação de metal do rolo de pintura.
2. Coloque uma cor de tinta em cada bandeja longa e rasa.
3. Passe um rolo na tinta e, a seguir, no papel.
4. Repita a operação até que esteja satisfeito com a imagem.
5. Para secar, deixe parado quando estiver pronto.
6. Pegue mais papel e continue enquanto quiser.

Variações
- Amarre as fitas em um rolo de espuma.
- Trabalhe sobre papel preso à parede, como se estivesse pintando ela própria.
- Mantenha algumas fitas inteiras e corte outras, de forma a deixar pontas.
- Use cordas, barbantes ou pedaços de pano, em vez de fitas.

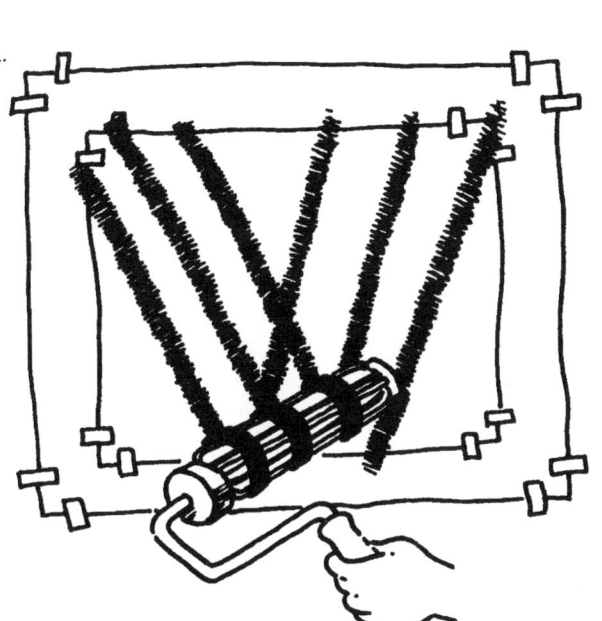

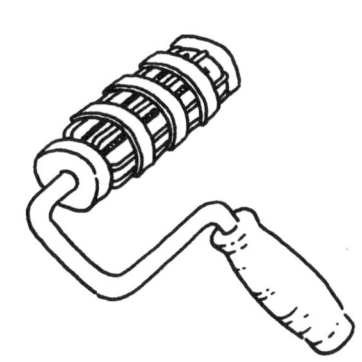

PINCÉIS DE TODOS OS TIPOS

Pintando com esfregões e vassouras

Esfregões e vassouras podem ser pincéis extraordinários para um trabalho artístico de lavar a alma! Utilizando um instrumento de limpeza de tamanho adequado para crianças, pinte um mural sobre uma folha de papel longa, aberta no chão.

Materiais
tinta guache
bacias de plástico
papel de embrulho ou kraft
jornal
fita adesiva
esfregões e vassouras de tamanho infantil
balde de água limpa

Processo
1. Coloque cerca de 1,5 cm de diferentes cores de tinta em bacias plásticas separadas. Encha novamente quando necessário.
2. Espalhe folhas grandes de papel no chão. Se estiver trabalhando em local fechado, cubra o chão com muito jornal para protegê-lo e tenha o cuidado de colar bem o papel no chão para que não se mexa.
3. Molhe um esfregão ou uma vassoura na tinta e pinte sobre o papel.

Dica: os esfregões e vassouras para adultos também funcionam, mas são mais difíceis de segurar.

4. Repita o terceiro passo até que esteja satisfeito com a pintura.
5. Tenha à mão mais papel para fazer uma segunda ou terceira pintura, depois que cada uma for completada.
6. Quando tiver terminado, deixe que a pintura seque onde estiver ou leve-a para um lugar fora da circulação. Enquanto isso, lave os esfregões e as vassouras em baldes de água limpa.

Variações
- Pinte com outros instrumentos incomuns, semelhantes a pincéis, incluindo:
  - esponjas de lavar louça com cabos de plástico; escovas de lavar louça; rodos com cabos longos; vassouras ou esfregões para adultos, com cabos curtos; qualquer tipo de escova; escovas com pêlos.
- Cole o papel em uma parede, cerca ou porta de garagem, em vez de colocá-lo no chão.

Escovas marcadoras

Enfie uma esponja na ponta de uma meia velha de criança e amarre para fechá-la. A seguir, encoste a meia em tinta, como se fosse uma grande caneta de marcar bingo! Faça uma para cada cor do arco-íris.

Materiais
esponjas de cozinha
meias infantis velhas
pedaços de barbante grosso
tinta guache
fôrmas para tinta
tesoura
papelão ou papel
jornal
fita adesiva

Processo
1. Enfie uma esponja na ponta de uma meia infantil velha. Se possível, faça sete dessas, uma para cada cor do arco-íris.
2. Feche a meia, amarrando-a com barbante resistente. Amarre muito firme.
3. Coloque cada uma em uma fôrma com tinta.
4. Pinte sobre um pedaço de papelão colocado na vertical, ou papel. Coloque jornal no chão para proteger dos pingos.
5. Pressione as meias cheias de tinta sobre papel, batendo e pingando a tinta.
6. Coloque-as novamente em outras cores, para misturá-las já no marcador. Ou apenas coloque-as em suas próprias cores para que não haja mistura.
7. Experimente também escrever ou desenhar com os marcadores. É fácil fazer bolinhas!
8. Quando terminar a atividade, os marcadores podem ser encharcados com água, espremidos e limpos em uma torneira. Alguns artistas gostam muito de observar as cores se misturando e indo pelo ralo de uma pia branca.

Variações
- Use dois marcadores, um para cada mão.
- Use um buquê de marcadores, e faça pinturas com quatro ou mais cores ao mesmo tempo.

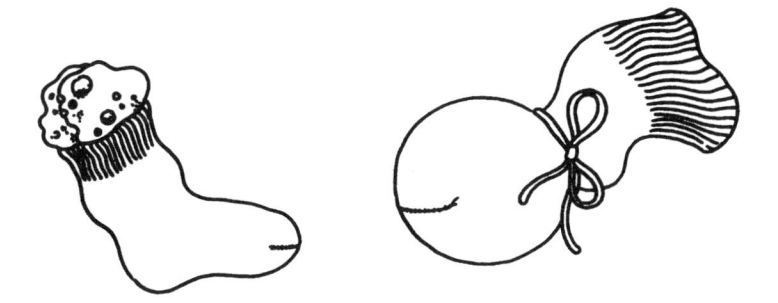

PINCÉIS DE TODOS OS TIPOS

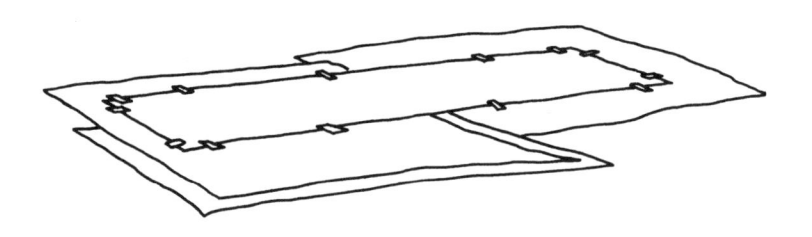

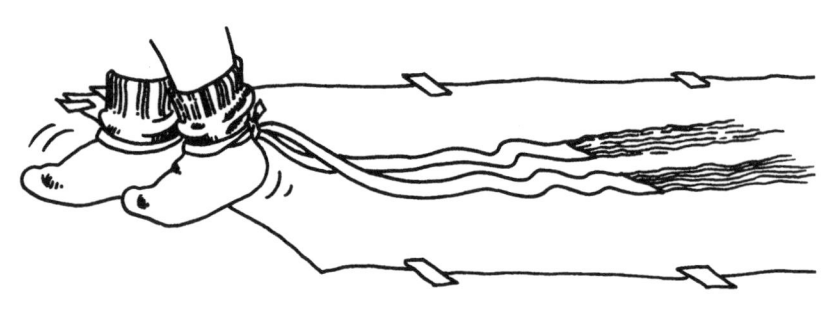

A obra de arte das fitas

Fitas de papel crepom guardam muita cor. Amarre fitas molhadas nos tornozelos e arraste os pés sobre o papel, fazendo desenhos. Vista meias velhas, se não quiser ter os tornozelos mais coloridos da cidade!

Materiais
meias velhas
papel de embrulho (de preferência branco) ou kraft, longos
fita adesiva
recipientes rasos (fôrmas grandes de alumínio)
água
fitas de papel crepom
tesoura
luvas de borracha, opcionais

Processo
1. Tire os sapatos, ponha meias velhas e dobre suas calças!
2. Abra o papel no chão. Prenda-o para que não amasse ou se mexa.
3. Coloque cerca de 3 cm de água nos recipientes. Ponha recipientes rasos de água próximo ao papel.
4. Corte fitas de papel crepom de 1 m. Mergulhe as pontas em cada recipiente com água. Quando começarem a ficar encharcadas, remova-as.

Dica de limpeza: os dedos também ficam coloridos, de forma que é bom utilizar luvas de borracha se você quiser manter as mãos limpas.

5. Amarre uma fita em cada tornozelo.
6. Posicione-se em uma ponta do papel e caminhe, arrastando lentamente os pés, puxando as fitas. Experimente movimentos diferentes para que as fitas façam desenhos do papel.
7. Faça mais desenhos com fitas.
8. Quando terminar, as fitas podem ser jogadas fora ou guardadas para outros trabalhos artísticos (papel feito em casa, p. 100). Elas também podem ser lavadas ou deixadas assim.

Variações
- Mergulhe uma faixa de tecido longa na tinta, como uma cauda, e arraste-a sobre o papel para fazer "pinturas de cauda". Vista calças e meias velhas.
- Encharque papel crepom em tigelas até que a água esteja bem colorida. Pinte com pincéis sobre papel branco, utilizando a "tinta" de papel crepom.

Raspando com rodos

Crie raspadores artísticos usando rodos de borracha. Os artistas desenham os raspadores e os adultos os cortam. Os artistas costumam gostar de raspadores que fazem linhas e desenhos interessantes em suas pinturas, e como esse livro trata de coisas grandes e sujas, faremos grandes raspadores!

Preparando os rodos
- Use rodos de banheiro, de pára-brisas de carros ou pequenos, de limpar janelas, cortando-os com tesouras ou estiletes (somente adultos).
- O artista escolhe os desenhos, como franjas, ondas, dentes ou quadrados. Veja as sugestões nas ilustrações. Os adultos cortam os desenhos na ponta dos rodos de borracha. Certifique-se de que os cortes na borracha do rodo estejam profundos e afastados o suficiente para que as marcas na tinta apareçam.

Receita de massa para pintar
4 xícaras (1 l) de farinha
4 xícaras (1 l) de água
4 xícaras (1 l) de sal
3 colheres de sopa (45 ml) de pigmento[1] em pó, ou apenas uma quantidade menor de guache
tigela e colher

- Misture os primeiros quatro ingredientes em uma tigela. Faça uma quantidade grande de uma cor ou divida uma quantidade ainda sem cor em tigelas menores, que podem ser coloridas individualmente, misturando-se um pouco de tinta em cada uma.

---

[1] N. de RT. Corante em pó para culinária ou para cimento.

PINCÉIS DE TODOS OS TIPOS

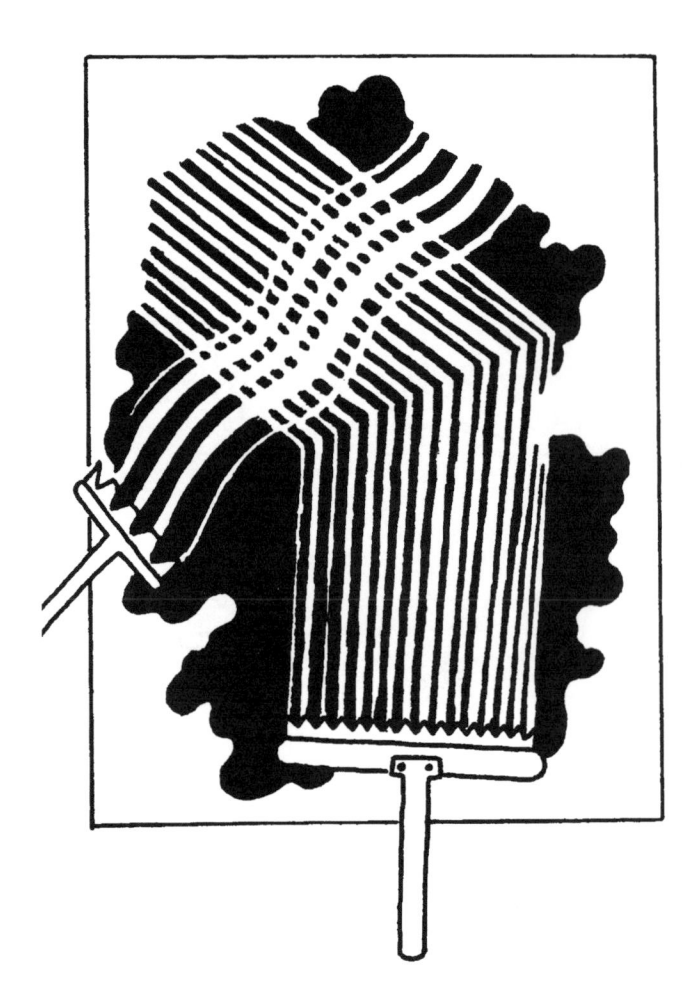

Raspando com rodo (continuação)

Materiais
massa para pintar (veja a receita na página 69)
colher
papelão ou papel-cartão
raspadores de rodos feitos antecipadamente (veja as instruções na página 69)

Processo
1. Coloque grandes plastas de massa de pintar sobre o papelão.
2. Comece pintando com os dedos, para espalhar a tinta.
3. Utilize os raspadores para fazer desenhos e texturas na tinta, acrescentando diferentes dimensões e pontos de interesse.
4. Deixe que os desenhos sequem, até ficarem duros, volumosos e brilhantes (por causa do sal).

Variações
- Corte retângulos de papelão, como se fossem "pentes" semelhantes aos raspadores.
- Pinte normalmente com os dedos, sobre papel de embrulho.
- Trabalhe diretamente com pintura a dedo sobre uma mesa. Lave quando terminar.
- Não coloque cor na massa de pintar e trabalhe sobre papel-cartaz de cores escuras, com a massa incolor.

Gravuras com partes do corpo

Fazer gravuras com diferentes partes do corpo? Sim! Essa é uma atividade verdadeiramente grande e suja, especial para artistas que, por natureza, não se importam em se sujar (os criativos!), mas também permite que os mais tímidos possam fazer descobertas em seu próprio ritmo.

Materiais
toalhas de mão velhas
guache
fôrmas rasas
folhas de papel grandes

Processo
1. Considere a possibilidade de fazer esse trabalho ao ar livre, em um dia de verão, com muita água e toalhas para limpeza, e uma muda de roupa à mão. Vista roupas de brincar, velhas, ou roupa de banho. Para trabalhar dentro de casa, esteja preparado! Cubra a área de trabalho com plástico ou jornais.
2. Para fazer a almofada de carimbo, dobre as toalhas de mão velhas em três. Dobradas em três camadas, elas terão cerca de 18 por 35 cm. Encharque cada toalha em guache e coloque-a em uma fôrma rasa.
3. Para fazer gravuras com as partes do corpo, pressione uma parte (dedos, mão, braço, pé, canela, bochecha, queixo, até mesmo o umbigo!) sobre a almofada e depois sobre o papel. Faça quantas desejar.
4. Coloque o papel de lado e deixe que as gravuras sequem enquanto você faz outras.

Dica de limpeza: os artistas podem lavar-se com água e sabão, enxaguar-se com uma mangueira e secar-se com toalhas velhas. Mais tarde, pode ser necessário tomar um banho.

Variações
- Cole o papel na parede ou em um cavalete grande para fazer as gravuras.
- Trace o corpo de um artista sobre o papel e deixe que ele faça gravuras para preencher o desenho. Um artista mais velho pode criar a si próprio no papel, sem um contorno.

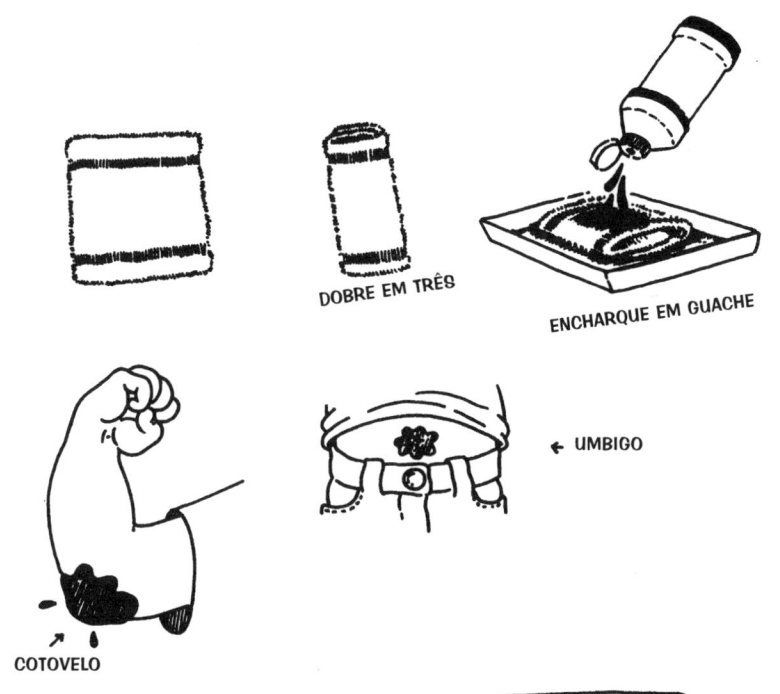

PINCÉIS DE TODOS OS TIPOS

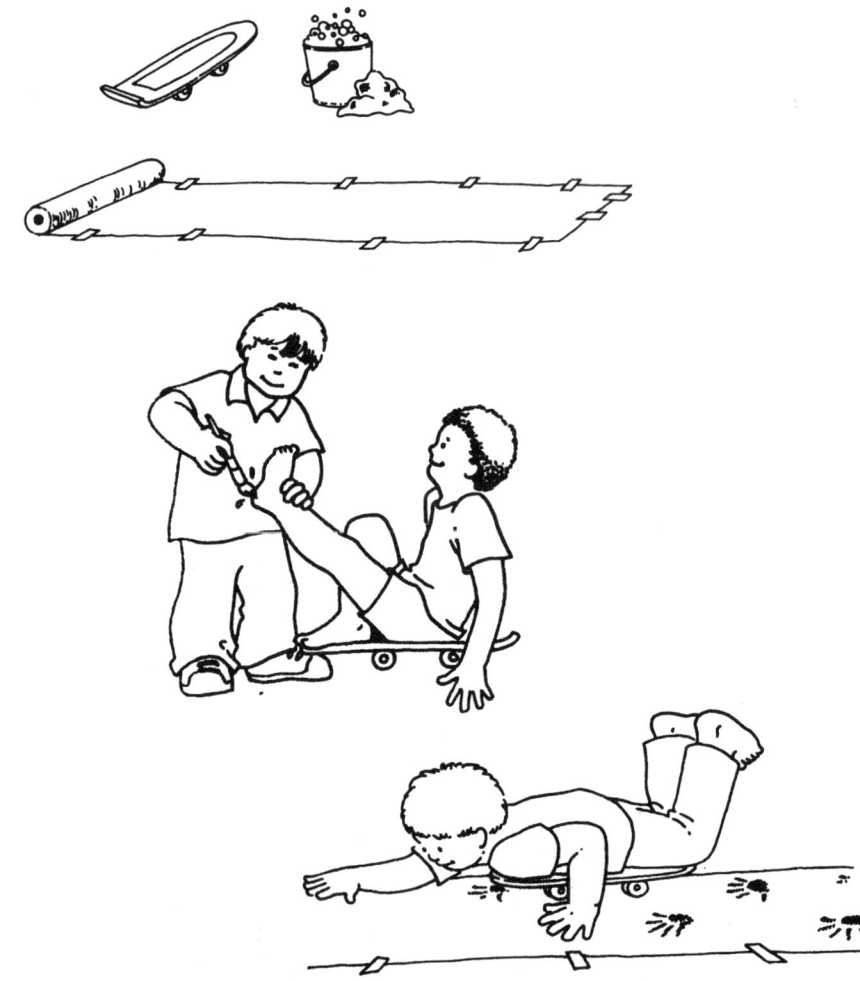

Pintando com *skate*

Desenrole um pedaço grande de papel kraft, deite-se sobre o *skate* e deixe rolar!
Cuidado: essa atividade provoca risadas!

Materiais
área grande de piso ou área ao ar livre
jornais, opcional
papel de embrulho ou papel kraft
fita adesiva
guache
recipientes sem bico
pincéis ou esponjas com cabo
skate
dois ou mais artistas
balde de água com sabão e toalhas velhas

Processo
1. Se necessário, proteja a área de trabalho com jornal.
2. Desenrole um pedaço grande de papel kraft no chão. Cole as pontas com fita adesiva para que o papel não oscile.
3. Coloque tinta em recipientes rasos, sem bico. Posicione os pincéis no início do papel.

Dica de limpeza: misture o guache com um pouco de detergente líquido para facilitar a limpeza.

4. O artista senta, ou deita, de barriga para baixo sobre o *skate* e estende suas mãos (ou pés).
5. Outro artista pinta as duas palmas com têmpera.
6. Role sobre o papel, empurrando com as mãos e deixando marcas. Lave as mãos no balde de água e sabão e seque com a toalha velha antes de começar gravuras novas. Se não quiser lavar, *não* é necessário.
7. Quando chegar a vez do próximo artista, mude a cor de tinta, mas utilize o mesmo papel (não se surpreenda quando a tinta também pegar nas rodas).

Variações
- No final do papel, vire e role de volta, deixando marcas nas áreas pintadas.
- Sente no *skate* junto com um amigo; mergulhem os quatro pés em tinta e trabalhem juntos para chegar até o fim.
- Mergulhe o *skate* em uma bandeja grande e rasa de tinta, antes de começar a rolar, para obter marcas das rodas.
- Passe com triciclos ou bicicletas na tinta, e depois sobre o papel.

Pintando sem as mãos

Experimente uma coisa diferente: pinte com qualquer coisa que não sejam suas mãos! Use velcro para prender pincéis em várias partes do corpo, e pinte. É legal descobrir como e onde prender os pincéis, e mais ainda manobrá-los para pintar.

Materiais
velcro e tesoura ou velcro em tiras
guache
recipientes rasos, sem bico
pincéis
folhas grandes de papel
fita adesiva

Processo
1. Corte pedaços de velcro de 30 a 45 cm, ou utilize os que são vendidos em lojas de esportes, ciclismo ou ferragem.
2. Coloque guache em recipientes sem bico e espalhe os pincéis em torno deles.

Dica: os adultos podem utilizar pistolas de cola quente para prender os pincéis nas tiras de velcro, obtendo instrumentos de pintura mais resistentes.

3. Com fita adesiva, cole o papel em uma parede ou mesa.
4. Prenda os pincéis a seus braços, pernas, pés, cotovelos, onde você quiser. Você decide! Parte da criatividade nessa atividade será o ato de molhar o pincel na tinta e pintar.
5. Mergulhe o pincel na tinta e pinte sobre o papel.

Variações
- Encontre outros objetos para pintar, em vez de pincéis:
  - pequenos rolos de pintura
  - espanadores
  - esponja de lavar louça com cabo comprido
  - espátulas
  - esponjas de esfregar costas, esponjas comuns ou esfregões de cabo longo
  - vassoura ou esfregão, em tamanho infantil
  - veja a lista de coisas para pintar, além de pincéis, nas páginas 61 e 62.

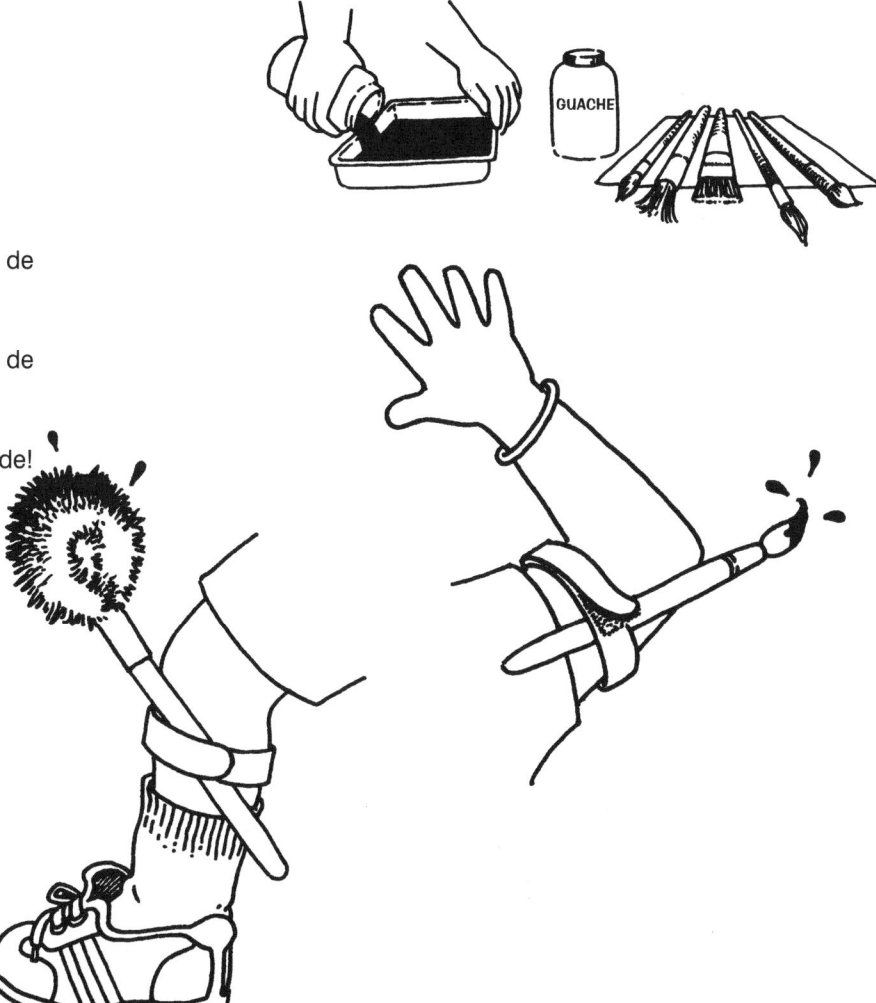

PINCÉIS DE TODOS OS TIPOS

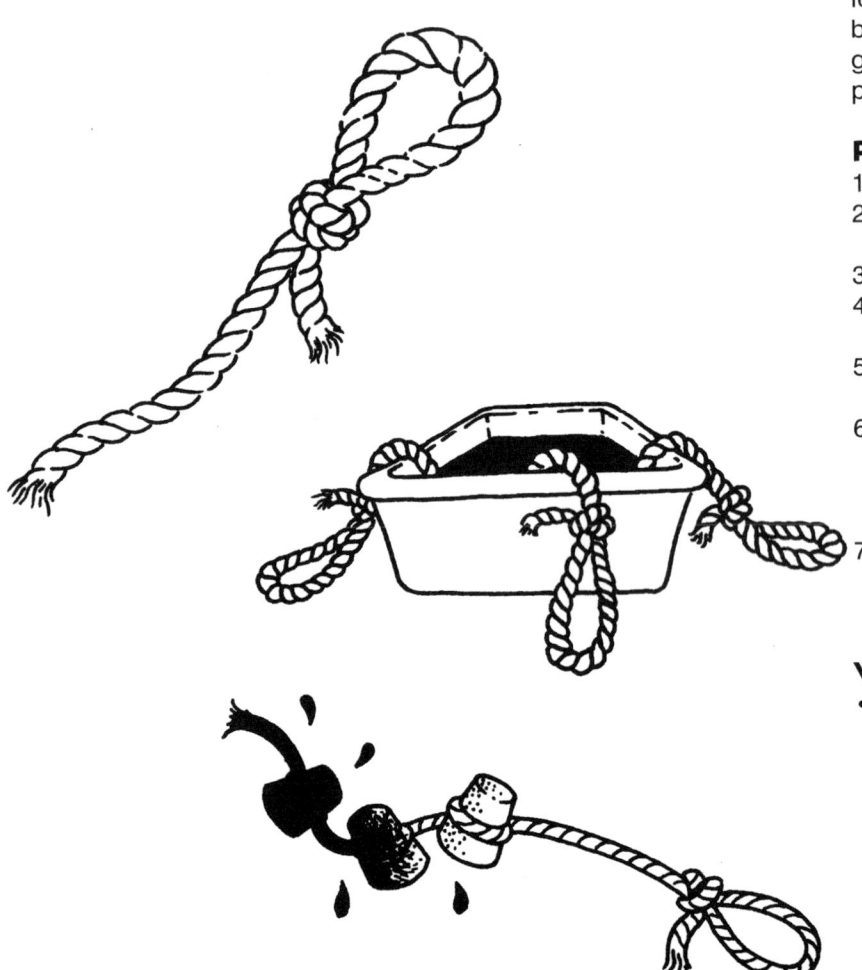

Pintando com cordas

Faça uma pintura com barbante, mas muito mais ousada! Com pedaços de corda molhados em tinta, faça grandes espirais e movimentos escorregadios de tinta, em grandes folhas de papel de embrulho.

Materiais
jornais
folhas grandes de papel de embrulho ou kraft
bacias
guache
pedaços de corda ou barbantes, de 1 a 1,5 m de comprimento

Processo
1. Coloque uma folha grande de papel sobre o chão, em cima de jornais, ou ao ar livre.
2. Encha bacias com guache até cerca de 3 cm de profundidade e coloque-as próximas ao papel. Utilize uma bacia para cada cor de tinta.
3. Faça um laço na ponta de cada pedaço de corda, para servir de cabo.
4. Coloque dois ou três pedaços de corda em cada cor de tinta, com os laços para fora das bacias.
5. Pegue um pedaço pelo cabo e arraste-o sobre o papel, fazendo desenhos de tinta onde a corda tocar.
6. Uma outra idéia possível é dobrar o papel na metade e, depois, abri-lo. Coloque um pedaço de corda com tinta sobre o papel, com o cabo para fora. Dobre o papel sobre ele. Alguns artistas pressionam o papel dobrado com mãos e braços, para apertar suavemente a corda, enquanto outro puxa-a para fora. Desdobre.
7. Quando estiver satisfeito com o trabalho, coloque-o em um local para secar, fora da circulação, e a seguir crie outros. As cordas podem ser lavadas, secas e utilizadas em outros trabalhos artísticos.

Variações
- Utilize cordas feitas de materiais diferentes, como algodão, cânhamo, juta ou plástico. Amarre objetos nela, como rolhas, rolos de cabelo, bolas de algodão ou fitas.

74 O LIVRO DOS ARTEIROS

As miçangas dançantes

Um trabalho artístico que parece marionetes dançando com os pés cheios de tinta, bem na sua frente!

Materiais
5 barbantes, cada um com cerca de 30 cm de comprimento
5 miçangas grandes (borrachas de vedação ou botões também funcionam)
fita adesiva
tigelas com tinta guache
folhas grandes de papel

Processo artístico
1. Amarre cada miçanga a um pedaço de barbante de cerca de 30 cm. Faça cinco dessas.
2. Amarre cada barbante em um dedo da mão.
3. Mergulhe as miçangas na tinta da tigela e a seguir balance-as e dance sobre o papel.
   DICA: ficará parecido com marionetes.
4. Quando a tinta acabar, mergulhe em outra cor, ou na mesma, e continue pintando.

Variações
- Pinte em uma superfície inclinada, de forma que as miçangas rolem sobre o papel.
- Pendure um objeto diferente em cada barbante dos dedos.
- Com fita adesiva, prenda canetas nos dedos, como se estivesse desenhando com unhas muito compridas.

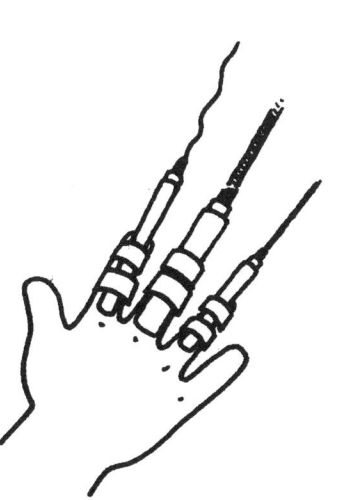

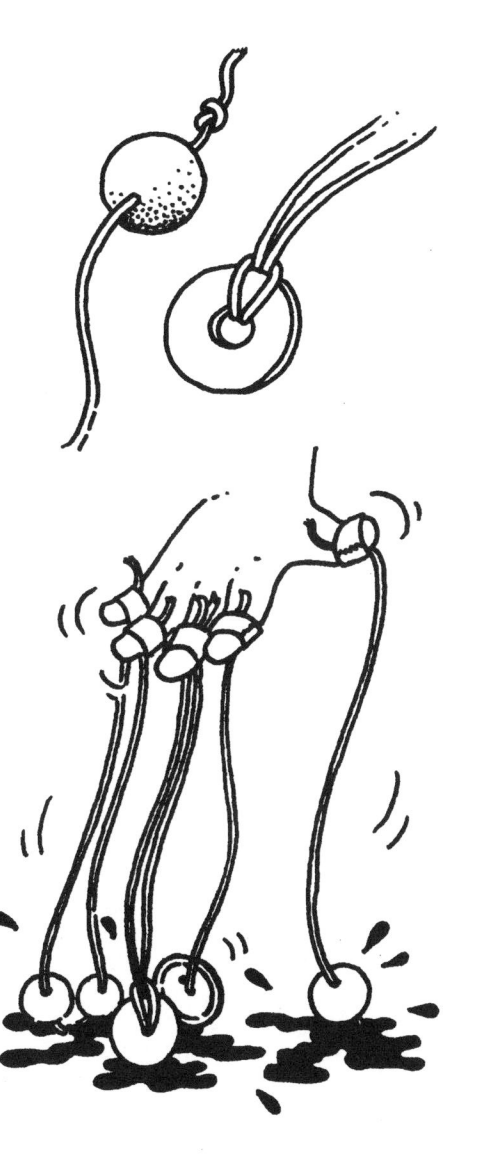

PINCÉIS DE TODOS OS TIPOS

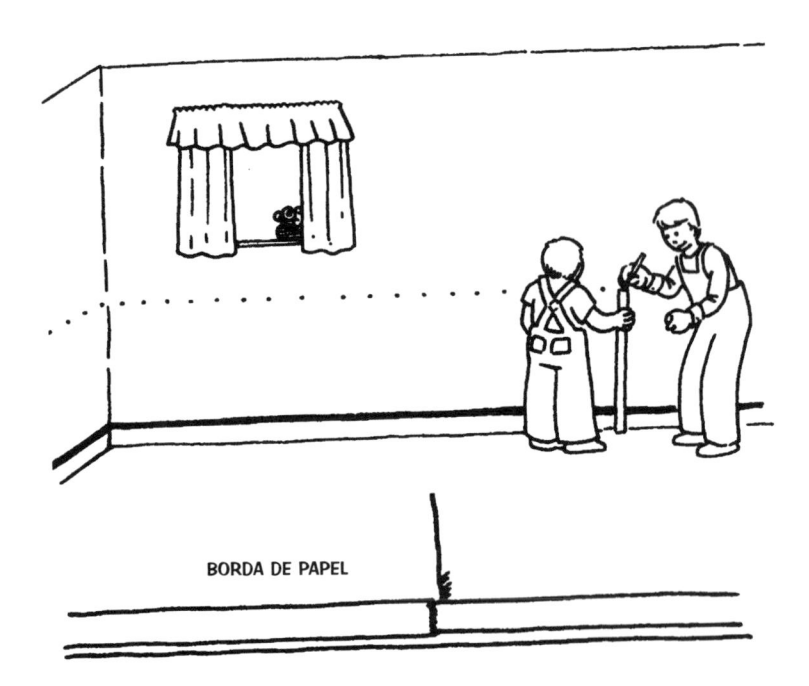

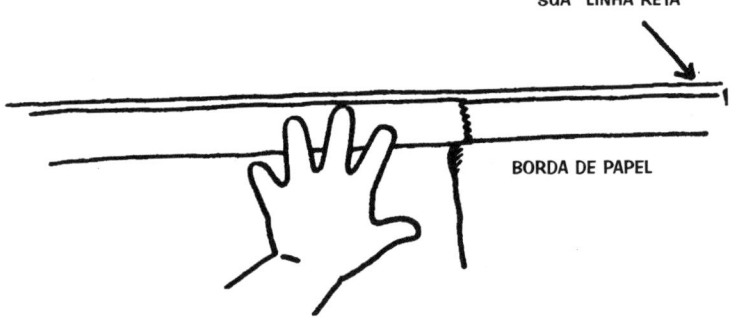

Borda de papel de parede com gravura de trapo

Crie uma borda cheia de estilo, com um trapo amassado, em tinta látex lavável! Os trapos produzem gravuras muito bonitas, e uma borda que faz sujeira o suficiente para atrair jovens decoradores, mas mantendo a tinta ainda sob razoável controle.

Materiais
lápis
metro ou trena
fita crepe para forrar (procure o tipo que descola fácil)
papel para forrar (parecido com papel kraft marrom, leve, vendido em rolo)
tinta látex (escolha uma cor semi-brilho)
bandejas plástica para rolo de pintura (do tipo inclinada, para espremer)
luvas de borracha ou plástico
trapos, como camisetas velhas, com cerca de 30 por 30 cm
papel
roupas velhas, sapatos velhos e trapos para limpar as mãos

Processo
1. Pintar uma borda em um quarto exige participação, ajuda e supervisão de adultos, do início ao fim. Mesmo assim, o artista irá fazer as gravuras de trapo de forma independente.

Para preparar a borda para pintura (veja a ajuda nas ilustrações)
1. Marque a área a ser pintada, utilizando um metro ou uma trena para medir uma distância de 1 m do chão.
2. Utilize um lápis para fazer pontos em toda a extensão.
3. Coloque um pedaço contínuo de fita crepe ligando um ponto a outro.
4. Meça 15 cm (ou 20 cm, ou qualquer outro tamanho) desde a linha da fita.
5. Mais uma vez, faça pontos contínuos com lápis.
6. Ponha um pedaço inteiro de fitas, de um ponto a outro.
7. O espaço deixado entre as fitas é o que será pintado.
8. A seguir, cole papel para forrar a borda da fita, protegendo a parede em ambos os lados. Utilize pedaços grandes de fita para grudar o papel sobre a fita que já está na parede.
9. Você está pronto para fazer gravuras de trapos.

Borda de papel de parede com gravura de trapo (continuação)

Para fazer gravuras de trapo
1. Em primeiro lugar, pratique em pedaços de papel, para ver como funciona. Coloque a mistura de tinta na bandeja e esta sobre uma proteção no chão. Use luvas. Mergulhe um trapo amassado em um pouco de tinta. Faça uma marca no papel e observe-a. Decida se você precisa usar mais ou menos tinta, fazer mais rugas no trapo, etc.
2. Agora, mergulhe o trapo na tinta mais uma vez e pressione na borda da parede. Vá encostando, fazendo algumas gravuras e mergulhe novamente. Faça gravuras de trapo em toda a área demarcada pela fita.

Dica: 2 l de tinta devem ser suficientes para um quarto de 3 por 3 m. Peça para que a tinta seja muito bem misturada na ferragem. Para pintores iniciantes, é bom começar com uma cor, mas você pode escolher duas, se quiser colocar uma sobre a outra.

3. Você conseguiu! Quer uma segunda cor sobre a primeira? Deixe a primeira cobertura de tinta secar até que esteja, no máximo, pegajosa, ou quase seca. Também pode estar completamente seca.
4. Agora, repita o processo utilizando uma segunda cor e uma nova gravura sobre a primeira.
5. Deixe que a borda seque durante a noite.
6. Puxe a fita e o papel que estão forrando a parede e jogue fora (você também pode guardá-lo para a Escultura de Dinossauro na página 124).
7. Que bonito! Você gostaria de fazer gravuras em uma parede inteira, e não apenas em uma borda? Talvez outro dia! Agora é hora de limpar, como em qualquer outro trabalho de pintura. Os trapos podem ser jogados fora.

Uma boa notícia: tinta látex é lavável.

Variação
- Faça uma borda na altura do teto.
- Faça gravuras de trapo em uma parede inteira.
- Faça experiências com outros tecidos ou materiais para gravar, como esponjas, blocos de madeira ou um esfregão de louça.

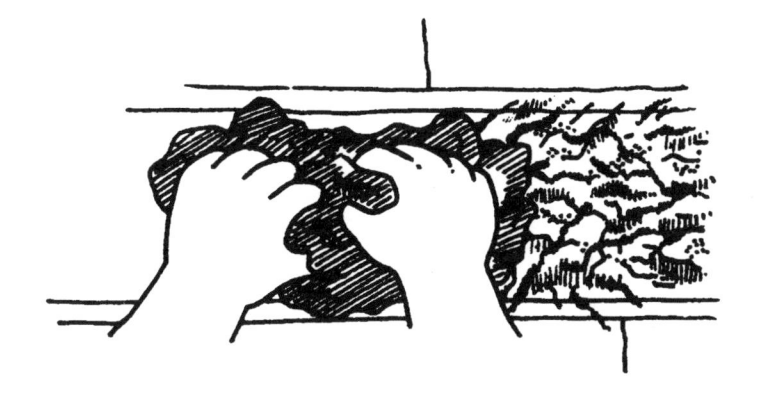

Capítulo 4

Misturas e melecas

A grande massa artística básica
Pintando com confetes
Massa de lama
Resinas pegajosa e divertida
Rabiscos de cola
Flocos derretidos
Experimentos extravagantes de pintura com os dedos
Receitas de pintura para o rosto e o corpo
Fusão de cores em gesso
Mais sobre pintura facial
A arte de enfaixar
Massa de papel crepom amassado
Embalagens para presente marmorizadas
Jornal melecado
Papel no liquidificador e porta-retratos

A grande massa artística básica

Faça da atividade individual com massa artística uma coisa totalmente nova! É excelente para grupos grandes, pequenos grupos habilidosos ou indivíduos criativos.

Materiais
4,5 kg de farinha
10 xícaras de sal
17 xícaras de água
recipiente de plástico grande
tábua de compensado, aglomerado ou papelão grosso
tinta e pincéis

Processo
1. Coloque a farinha, o sal e a água em um grande recipiente plástico. Observação: esta receita pode ser feita pela metade, rendendo menos massa, mas ainda uma boa quantidade.
2. Misture a massa artística com as mãos até que esteja homogênea e maleável (leva cerca de 10 minutos). Mãos à obra!
3. Coloque a massa sobre o compensado ou aglomerado.
4. Os artistas utilizam a massa artística para criar uma obra em grupo, de qualquer forma ou tema, sobre o aglomerado. Individualmente, cada um também pode criar sua própria escultura.
5. Deixe-a secar.
6. Pinte a obra de arte seca com guache ou qualquer tinta que você tenha à mão.

Dica: para que o excesso de massa continue macio, cubra com plástico de embalar, fechado com fita adesiva. Esta atividade é excelente para fazer ao ar livre, o que ajuda a encurtar o tempo de secagem.

Variações
- Para fazer uma escultura em grupo de inspiração individual, as crianças farão esculturas individuais, e a seguir, depois de secas, irão colá-las juntas, em uma única base.
- Para fazer massa colorida, coloque aquarela ou guache ou corante de comida na água, quando estiver misturando.
- Para fazer massa com textura, acrescente pedaços de grãos de café ou areia durante a fase da mistura.

Pintando com confetes

O outono é a época das cores fortes e brilhantes, perfeita para ser apreciada através desta idéia artística simples. Aqui está uma maneira de preservar um pouco dessas cores, em uma atividade relaxante de pintura, que captura o brilho das leves folhas de outono.

Materiais
folhas de outono
cola branca
pequenas tigelas ou outros recipientes
pincéis
papel-cartão, cartolina ou papelão

Processo
1. Junte folhas que caem no outono.[1] Procure muitas cores diferentes.
2. Quebre as folhas coloridas em pedaços pequenos. Você pode manter as cores semelhantes juntas ou misturar e combinar.
3. Misture suavemente os pedaços de folhas na cola, em uma tigela pequena. Se estiver separando as folhas por cor, utilize uma tigela para misturar cada uma delas.
4. Mergulhe o pincel em sua nova tinta-confete de outono e faça pinturas brilhantes em papel cartolina.

Variações
- Aplique a tinta sobre papel cortado em formato de folhas.
- Deixe as folhas inteiras. Cole-as no papel e, a seguir, passe uma cola transparente sobre elas, para obter um efeito de colagem.
- Utilize pedaços rasgados de pétalas de flores, folhas e capim, e/ou folhas de primavera.
- Pinte esse quadro brilhante de outono em uma pequena caixa de madeira ou em uma caixa comum de papelão, para presentes.

---

[1] N. de RT. É possível substituí-las por folhas caídas das árvores em outras estações.

MISTURAS E MELECAS

Massa de lama

Tortas de lama são uma experiência estética tradicional da infância, que ninguém deve perder! Pegue os ingredientes dessas tortas (isso mesmo, lama e água!) e vá além, produzindo uma massa maleável para divertir-se modelando.

Materiais
balde pequeno ou tigela grande
2 xícaras (500 ml) de lama "limpa"
2 xícaras (500 ml) de areia
1/2 xícara (125 ml) de sal
água
potes para medidas
colher de pau velha para misturar

Processo
1. Em um balde pequeno ou em uma tigela grande, misture 2 xícaras (500 ml) de lama, 2 xícaras (500 ml) de areia, uma xícara (125 ml) de sal e água suficiente para tornar tudo maleável.

Dica: a receita pode ser dobrada ou triplicada, para grupos maiores ou trabalhos que exijam mais.

2. Misture tudo com uma colher de pau velha ou com as mãos.
3. Coloque a massa em uma superfície de trabalho adequada e modele como se faz com qualquer massa. Essa atividade pode ser feita ao ar livre ou dentro de casa, sobre uma grande quantidade de jornal.
4. Embora as esculturas não se mantenham, a diversão de explorar a lama como massa irá prender o interesse dos artistas mais reticentes.

Variações
- Acrescente outros ingredientes à massa, como grama picada ou pedaços de folhas.
- Essa massa funciona bem como base para construir uma imitação de jardim em uma fôrma de cozinha, utilizando galhos para as árvores, trilhas de pedrinhas e água feita com espelhos.

Massa de lama (continuação)

Tinta experimental de lama
Misture terra fina e "limpa" com óleo de cozinha comum. Como medir? Experimentando! Misture uma pá cheia de terra em um balde, vá acrescentando óleo e mexendo até obter a textura de um creme grosso. Pinte sobre uma pedra grande e chata ou papel. Não tem óleo? Use água. Não tem terra? Use argila comercial misturada com água para fazer lama. Tipos diferentes de solo e argila irão produzir cores variadas de tinta. Experimente pintar sobre papel ou papelão. Também é divertido pintar um tecido aberto sobre uma tábua.

Dedos lamacentos
Misture terra "limpa" e água para fazer lama em um balde ou tigela. Acrescente amido de milho diluído ou cola branca em água e detergente de louça, misturando bem até obter consistência de tinta para pintar com os dedos. Não há uma medida perfeita, de forma que você deve experimentar para criar uma consistência adequada. Utilize como se fosse pintar com os dedos sobre o papel, tecido, papelão ou tampos de mesas. Tenha sempre uma garrafa de água por perto para diluir a tinta durante o trabalho.

Resinas pegajosa e divertida

Nenhum livro sobre arte grande e suja estaria completo sem duas receitas tradicionais: as resinas pegajosa e divertida. Essas receitas existem há muito tempo, mas são grandes e sujas demais – e muito boas – para omitir.

Materiais
450 g de amido de milho
bacia de plástico
2 1/2 xícaras (600 ml) de água
potes para medir
instrumentos de brinquedo, como colheres, xícaras, balde de areia, utensílios de cozinha
corante de comida

PEGAJOSA

Processo
1. Coloque toda a caixa de amido de milho em uma bacia plástica.
2. Acrescente água e misture com a mão.
3. Misture bem a massa pegajosa, observando seu comportamento estranho, de líquido para sólido, de sólido para líquido.
4. Acrescente outros brinquedos e utensílios à sua descoberta.
5. Coloque gotas de corante para comida e misture as cores com a mão ou com utensílios. Você pode misturar pequenas quantidades separadas da resina colorida e depois juntá-las todas em um recipiente grande.
6. Explore as possibilidades!

Dica de limpeza: para colocar fora a massa utilizada, dilua a mistura com água até que esteja semelhante ao leite. Lave no ralo.

Resinas pegajosa e divertida (continuação)

RESINA DIVERTIDA

potes e colheres para medir
2 colheres de chá (10 ml) de bórax[1]
1/3 de xícara (80 ml) de água
xícara para dissolver o bórax
2 xícaras (500 ml) de cola branca
1 3/4 de xícara (420 ml) de água
tigela e colher para misturar
corante de comida, opcional
instrumentos de brinquedo, como colheres, garfos, facas sem fio e utensílios de cozinha
quadrinhos do jornal de domingo, gibi ou revistas
recipiente com tampa

Processo

1. Misture as 2 colheres de chá (10 ml) de bórax e 1/3 de xícara (80 ml) de água em uma xícara. Deixe que o bórax se dissolva completamente.
2. Misture as 2 xícaras (500 ml) de cola a 1 3/4 xícara (420 ml) de água em uma tigela. Acrescente a mistura de bórax. Mexa bem com uma colher ou com as mãos.
3. De uma hora para outra, como que por mágica, a mistura irá começar a se juntar. Continue amassando. Pode haver um pouco de umidade, simplesmente a ignore.
4. Coloque a mistura da resina divertida sobre a mesa. Utilize instrumentos de cozinha e brinquedos para explorá-la. Experimente pegar, com a massa divertida, uma imagem dos quadrinhos do jornal, de um gibi ou, ainda, de uma revista.
5. Quando o trabalho estiver completo, a resina divertida pode ser guardada em um recipiente fechado ou em um saco plástico com zíper por cerca de duas semanas ou até que comece a cheirar forte.

Variações

- Faça a resina divertida normal, mas durante o momento de amassar e misturar, acrescente algumas gotas de corante para comida. Observe a cor se misturando.
- Coloque a massa em fôrmas de docinhos (cortadores de biscoitos também funcionam) para ver a própria resina adaptar-se a elas.
- Pressione os dedos ou instrumentos na resina e observe os desenhos desaparecerem.

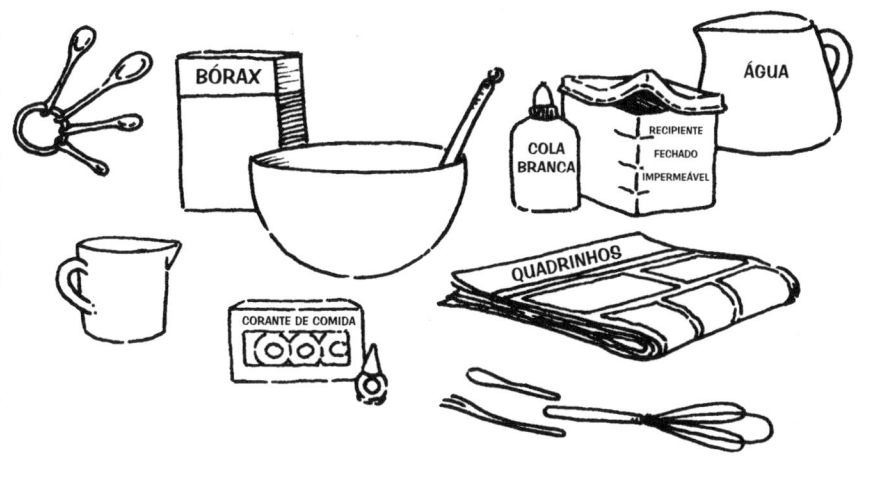

---

[1] N. de RT. Bórax é um pequeno cristal, usado como anti-séptico, encontrado em farmácia de manipulação.

MISTURAS E MELECAS **85**

Rabiscos de cola

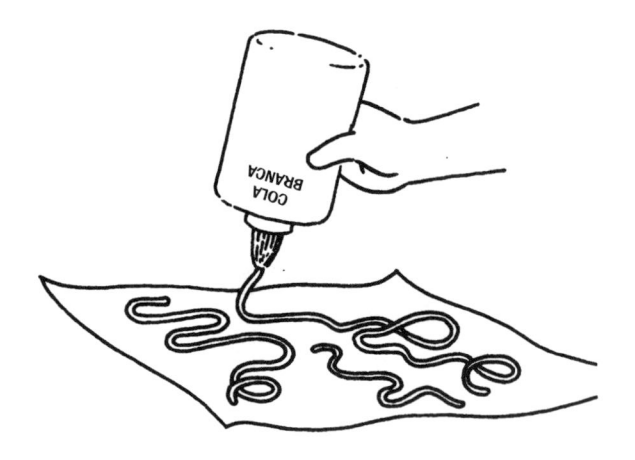

Faça rabiscos de cola branca em papel vegetal e deixe secar, dando origem a formas duras e transparentes. Depois de colorir os rabiscos, pendure o papel em um fio para que a corrente de um ambiente na sala o faça oscilar e girar.

Materiais
papel vegetal
cola branca em frascos de apertar
qualquer tinta reluzente, como por exemplo, a acrílica
recipientes rasos
pincéis, bolas de algodão ou cubos de esponja
jornais
fio
tesoura
percevejos, opcionais

Processo
1. Abra um pedaço grande de papel vegetal sobre a mesa.
2. Esprema cola de um tubo sobre o papel vegetal, fazendo rabiscos, linhas onduladas e chuviscos, todos conectados em um grande desenho encaracolado e cheio de curvas. Coloque-o em um local para secar por um ou dois dias, até que esteja transparente e duro.
3. Faça mais riscos arredondados. Deixe que sequem, também.
4. Coloque tinta em recipientes rasos. Mergulhe os dedos, pincéis ou outros instrumentos de pintar na tinta reluzente. A seguir, espalhe ou jogue sobre os rabiscos secos. Utilize uma cor ou várias.
5. Coloque-os sobre jornais para secar.
6. Quando estiver seco, amarre um fio a cada papel com rabiscos. A outra ponta do fio prenda com um percevejo no teto, onde o desenho poderá ficar pendurado e mover-se com as correntes de ar.

Dica: há muitas formas de pendurar desenhos, dependendo de seu teto. Você pode amarrar vários deles em um cabide, em uma luz de teto ou em emendas no forro. Os desenhos podem ficar pendurados a partir de um pino ou galho, ou em uma "árvore da estação". Pendure-os na janela ou na parede.

Variações
- Acrescente cores aos desenhos mergulhando-os em um banho, em um recipiente fundo cheio de corante de comida ou tinta e água. Deixe escorrer por um tempo e depois pendure em um local para secagem.
- Acrescente cores à cola usando tinta ou corante de comida antes de fazer os desenhos. Encha os frascos com diferentes cores de cola. Misture as cores no papel vegetal ou use apenas uma.

Flocos derretidos

Flocos biodegradáveis para embalagens, feitos de amido de milho, são ótimos para embrulhos e para projetos artísticos pegajosos. Eles derretem até se tornarem líquidos e proporcionam uma superespuma pegajosa, uma arte em três dimensões e também uma excelente pasta! Que divertido!

Materiais
flocos biodegradáveis para embalagens, semelhantes aos de isopor (Eco-foam, veja a observação na página 88)
recipiente com água
palitos de dente
tigela plástica e plástico para embalar, opcionais
pedaço grande de papelão
aquarelas líquidas diluídas ou qualquer tinta líquida fina, como anilina preparada
xícaras rasas
conta-gotas e pipetas

Enfiar e construir
1. Molhe um floco em um recipiente com água.
2. Encoste um no outro, a umidade irá fazer com que derretam vagarosamente, grudando.
3. Construa uma escultura de qualquer formato que você possa imaginar! Vá construindo, até o tamanho que quiser! Você pode até fazer um chapéu, se a escultura for feita sobre uma tigela de plástico coberta com plástico de embalar. Fácil!

Escultura derretida com palitos de dente
1. Coloque vários palitos de dente e flocos sobre a mesa.
2. Construa qualquer escultura sobre um pedaço grande de papelão, combinando palitos de dente e flocos. Se quiser, você pode deixar para lá os palitos e trabalhar apenas com os flocos, grudando um no outro depois de molhados com um pouco d'água.
3. Quando a escultura estiver terminada, pingue tinta sobre os flocos, com conta-gotas ou pipetas. Observe a escultura derreter e dissolver-se, mudando de forma e se tornando algo novo e surpreendente! A seguir, deixe secar.
4. Você pode guardar essa obra de arte acidental.

Dica de limpeza: Eco-foam pode ser lavado na pia com água quente.

MISTURAS E MELECAS

Flocos derretidos (continuação)

Sobre o Eco-foam

Flocos biodegradáveis para embalagens (chamados de Nuudles) são vendidos no *site* Earlychildhood.com, em tom pastel. Muitas empresas também usam flocos comuns verde-claros, para empacotar seus pedidos. Esse material pode ser comprado em empresas de transporte e em lojas de material de escritório que vendem embalagens para encomendas. Eco-foam é feito com amido de milho soprado e seco, não é tóxico e pode ser ingerido, embora não seja particularmente apetitoso. Certifique-se de estar usando flocos de amido de milho biodegradável para sua atividade.

Variações
- Utilize frascos de *spray* com aquarelas diluídas ou anilina, em vez de conta-gotas.
- Faça esculturas individuais em bandejas ou fôrmas de biscoitos. Elas devem ser retiradas facilmente quando estiverem secas.
- Adicione água pura nos flocos Eco-foam, para fazer uma pasta.
- Restos de Eco-foam podem ser jogados ao ar livre para serem comidos pelos pássaros.

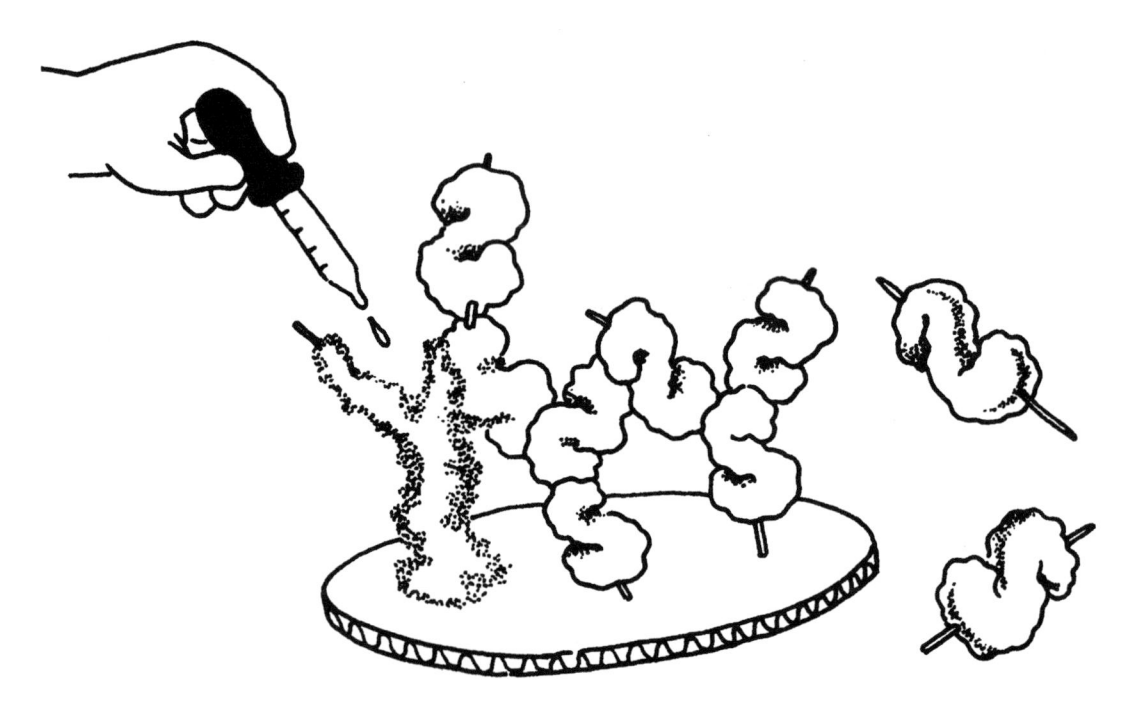

Experimentos extravagantes de pintura com os dedos

Transforme a pintura com os dedos em um laboratório de pesquisa artística! Explore uma ampla variedade de ingredientes e materiais com dedos e mãos, só para ver o que acontece. Misture, meleque, espalhe e esfregue. As descobertas, o aprendizado e a diversão são garantidas!

Materiais
materiais a serem explorados (veja a lista na página 90)
jarras e pequenas tigelas
folhas grandes de papel ou bandejas
pequenas jarras de água
abaixa-línguas ou palitos de sorvete
recipientes vazios

Processo
1. Escolha cores e materiais para os experimentos e coloque-os em jarros ou pequenas tigelas.
2. Ponha os materiais diretamente sobre papel ou bandejas ou misture-os em xícaras, começando apenas com duas ou três.
3. Utilize seu dedos para pintar com os materiais, explorando-os. Descubra suas propriedades. Tenha sempre papel extra à mão. É divertido trabalhar sobre uma mesa que possa ser limpa mais tarde, mas se você quiser forrá-la, poderá utilizar uma cortina de banheiro limpa e velha, presa com fita adesiva. Alguns artistas gostam de trabalhar sobre bandejas plásticas ou fôrmas de biscoitos.

Dica de limpeza: lembre-se de manter um balde de água morna e sabão, bem como algumas toalhas velhas bem junto à mesa, para facilitar a limpeza.

4. Acrescente outros ingredientes.
5. Vá limpando enquanto trabalha ou espere até o fim.
6. Divirta-se fazendo pinturas e desenhos com os materiais e descobrindo o que pode acontecer enquanto eles interagem ou se combinam (ou não!).

MISTURAS E MELECAS **89**

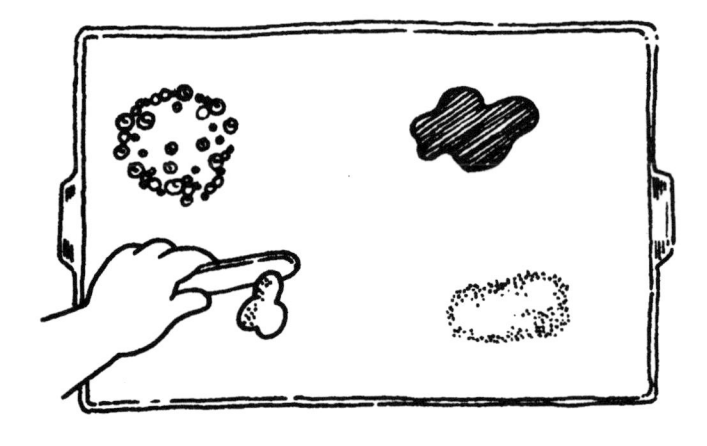

Experimentos extravagantes de pintura com os dedos (continuação)

Materiais a serem explorados

amido de milho dissolvido em água
aquarela
aquarelas líquidas
cola branca
corante de comida em pasta ou líquido
creme de barbear
farinha branca
farinha de bolo
farinha de trigo
gel colorido para cabelo
guache
solução para bolhas
loção ou creme de limpeza para pele
óleo de cozinha
pasta caseira (farinha e água)
pasta de trigo
sal
xampu

Variações
- Acrescente instrumentos simples para criar imagens interessantes, como uma espátula, um pente, um rodo de limpar janelas, um raspador de gelo e outros utensílios de cozinha.
- Acrescente texturas, como grãos de café, areia, flocos de milho, serragem, amido de milho, sabão líquido e açúcar.
- Acrescente essências e extratos, como canela, baunilha, amêndoas, laranja ou limão, pimenta, perfumes e xampu.
- Bata alguns pedaços de sabão até formar uma espuma (coloque tinta ou corante de comida, se quiser) para obter um experimento ensaboado e limpo.
- Tinta fácil para pintar com os dedos: coloque uma quantidade de amido de milho dissolvido em água em uma fôrma de biscoitos. Jogue sobre ele uma colher de chá de guache líquido ou pigmento em pó. Misture com as mãos e pinte na própria fôrma. Para fazer uma gravura, pressione uma folha de papel sobre a imagem e levante. Tchan-tchan!

Receitas de pintura para o rosto e o corpo

Pintar o rosto é bom em dias de festa, mas pode ser divertido a qualquer hora. Essas cinco receitas vão desde pinturas faciais até uma tatuagem engraçada!

Pintura facial com loção para bebê

1/8 de xícara (30 ml) de loção para bebê
1/4 de colher de chá (1 ml) de corante para comida
1 esguichada de detergente líquido
alguns pires
pincéis de maquiagem ou pincéis comuns

- Misture a loção, o corante e o detergente em um pires, cada cor separadamente. Pinte sobre o rosto com pequenos pincéis de maquiagem ou pincéis comuns. É fácil de remover com sabão e água.

Dica: não pinte próximo dos olhos e da boca.

Pintura facial de gordura vegetal e amido de milho

1 colher de sopa (15 ml) de gordura vegetal
2 colheres de sopa (30 ml) de amido de milho
tigela e colher
corante de comida
pó facial incolor e esponja para maquiagem
pincéis
xícaras

- Misture a gordura vegetal sólida com o amido de milho. Tinja pequenas porções dessa mistura cremosa com corante de comida em xícaras separadas, como desejar. Depois de passar o creme sobre o rosto, aplique o pó incolor para "fixar". Remova suavemente com creme para a pele e lenços de papel.

Pintura facial de gordura vegetal e farinha

1 colher de sopa (15 ml) de gordura vegetal sólida
1 colher de chá (5 ml) de farinha
1 gota de corante de comida
fôrma de quindim
colheres

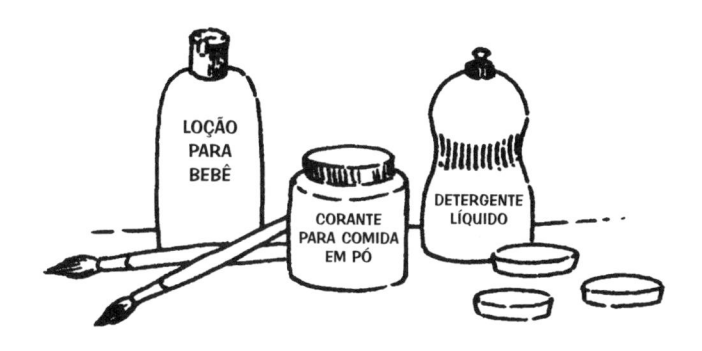

Receitas para pintar o rosto e o corpo (continuação)

- Em uma parte de uma fôrma de quindim, misture a gordura, a farinha e o corante de comida. Repita a operação para fazer várias cores, nas diferentes partes da fôrma. Utilize um dedo para pintar o rosto. Lave com água morna e sabão. Seque com uma toalha macia e velha.

Pintura facial grossa

2 colheres de chá (10 ml) de gordura vegetal sólida
5 colheres de chá (25 ml) de amido de milho
1 colher de chá (5 ml) de farinha branca
tigela pequena e colher
4 gotas de glicerina
corante de comida
2 ½ colheres de chá (12,5 ml) de cacau, opcional
pincéis

- Em uma tigela pequena, misture a gordura vegetal, o amido de milho e a farinha branca. Acrescente a glicerina. Misture até obter uma consistência cremosa. Adicione corante de comida a gosto. Para uma aparência marrom, coloque 2 ½ colheres de chá (12,5 ml) de cacau não-adoçado, em vez de corante de comida. Aplique com um pincel de maquiagem ou um pincel comum. Para remover, limpe o rosto suavemente com creme de limpeza e lenços de papel, ou com uma toalha macia e velha. Água morna e sabão também funcionam muito bem.

Tatuagem

1 colher de sopa (15 ml) de creme para limpeza de pele
2 colheres de sopa (30 ml) de amido de milho
1 colher de sopa (15 ml) de água
corante de comida
xícaras e colheres para misturar
pincéis

- Funciona muito bem! Sai com água e sabão! E também é uma excelente pintura facial. Misture o creme para a pele, o amido de milho, a água e o corante de comida. Misture completamente. Com um pincel limpo, faça uma "tatoo" em qualquer lugar da pele.

Saiba "mais sobre pintura facial " na página 94.

Fusão de cores em gesso

O gesso é barato e perfeito para usar na arte de misturar e combinar cores, que irão secar até obter uma consistência muito dura.

Materiais
gesso de construção (chamaremos de gesso)
palitos para espalhar e misturar, como abaixa-línguas ou palito de sorvete
retalhos de papelão, *passe-partout* ou papel paraná
potes de plástico com tampas
qualquer fonte de cor, como corante de comida, aquarela ou guache

Processo
1. Para começar, espalhe um pouco de gesso sobre um pedaço de papelão de *passe-partout*. Cubra completamente o papelão.

Dica: o gesso de construção já vem misturado em tubos, podendo ser adquirido em ferragens e lojas de material de construção. O papelão de *passe-partout* é vendido em lojas de molduras. Às vezes, você pode comprar bons pedaços, cortados das sobras, por um preço baixo.

2. Coloque uma quantidade de gesso que você deseja colorir em cada xícara. Três cores são suficientes para começar.
3. Coloque um pouco de corante em cada xícara.
4. Misture bem com um palito de madeira ou colher. Deixe pelo menos um palito em cada xícara. Todo mundo gosta de olhar as cores reluzentes misturando-se com o gesso branco.
5. Espalhe gesso colorido sobre o papelão preparado, misturando e combinando diretamente cores, tonalidades e matizes.

Variações
- Utilize instrumentos para desenhar no gesso colorido, como pentes, cortadores de biscoitos, garfos, espátulas ou palitos de dente. Acrescente cores ao gesso seco, fixando retalhos de papel de arte com goma de amido de milho diluído em água ou cola branca diluída.
- Faça marcas de suas mãos no gesso úmido.

MISTURAS E MELECAS

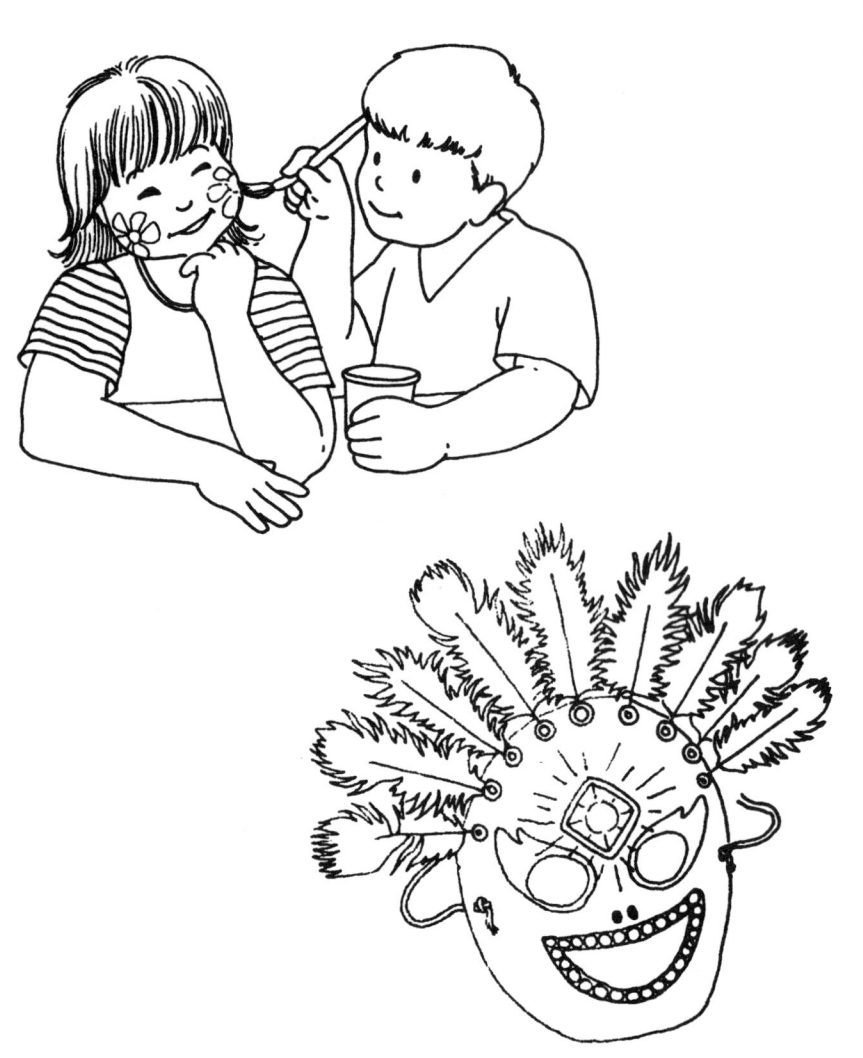

Mais sobre pintura facial

A pintura facial é sempre um grande sucesso entre os artistas dispostos a aventuras! Agora, eles podem pintar seus rostos (ou o de um amigo), fazer uma gravura ou uma máscara!

Materiais
papel cartolina
tesoura
tinta para pintura com os dedos, não-tóxica
pincéis pequenos
decorações (veja abaixo)
fio, barbante ou elástico
espelho

Processo
1. Com ajuda de adultos, corte o papel grosso em formatos ovais, com cerca de 25 cm de comprimento. Para encontrar o local onde devem ficar os buracos para os olhos, segure o papel suavemente contra o rosto do artista e sinta onde eles estão. Marque-os com pontos molhados, feitos com dedos mergulhados em água. Remova e recorte os furos.
2. Com guache ou com a receita para pintura facial (veja as páginas 91-92), o artista irá pintar seu próprio rosto. Também é divertido pintar o rosto de um amigo.
3. Coloque o papel oval sobre o rosto pintado, de forma que possa enxergar através dos buracos. Esfregue suavemente e pressione para deixar uma marca do rosto no papel. Deixe secar a tinta.
4. Decore-o como uma máscara, com penas, lantejoulas, fios e outros acabamentos.
5. Faça um furinho em cada lado da máscara. Amarre barbante ou elástico. Coloque no rosto e olhe no espelho para ver o resultado!

Itens decorativos para máscaras	
adesivos	lantejoulas
botões	miçangas
cola	papel amassado
furos	penas

Variação
- Faça um mural para a parede com gravuras do rosto e da mão.

94 O LIVRO DOS ARTEIROS

A arte de enfaixar

Quem diria que ataduras gessadas poderiam resultar em esculturas simples, de secagem rápida? Não há emergência, ninguém se quebrou, simplesmente é hora de divertir-se esculpindo!

Materiais
folha de alumínio grossa
rolo de ataduras gessadas
tesoura
água morna em uma tigela para mistura
purpurina fina ou comum, opcional
tinta e pincel, opcional

Processo
1. Com um pedaço grande de folha de alumínio pesada, faça uma bola grande ou outra forma simples e clara. Esse será o formato da escultura a ser feita com as faixas.
2. Corte ataduras gessadas em tiras de 8 a 15 cm de comprimento. Mergulhe uma tira em água morna e coloque-a sobre o objeto feito com folha de alumínio. Repita a operação com diversas tiras até que a escultura esteja completamente coberta.

Dica: compre ataduras gessadas de secagem rápida, vendidas em rolo, em lojas de equipamentos médicos ou de um veterinário.

3. Se estiver utilizando purpurina fina, role a escultura nela enquanto ainda estiver úmida.

Dica: purpurina fina é vendida em lojas de material para festas e de material escolar.

4. Deixe a escultura secar, o que deve levar cerca de uma hora.
5. Se a escultura foi rolada em purpurina, não precisará ser pintada. Contudo, se você quiser pintá-la, faça-o com qualquer tinta que tiver à mão! Coloque um pouco de purpurina ao final para fazê-la brilhar.
6. Faça várias esculturas e coloque-as juntas para serem vistas.

Variações
- Cubra um balão pequeno com ataduras e deixe secar. Estoure o balão, retire-o de dentro da escultura e pinte a forma feita com as ataduras. Amarre um fio para pendurar. Assim se pode fazer excelentes decorações para festas.

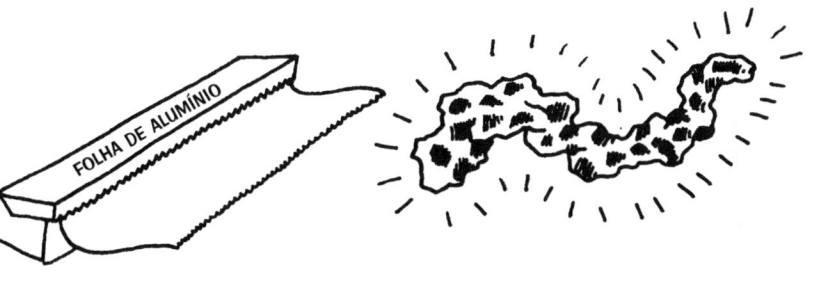

MISTURAS E MELECAS

Massa de papel crepom amassado

Massa feita de papel crepom? Faz bastante sujeira, é extremamente colorida e muito moldável. Depois de usá-la na festa de aniversário, você pode guardar a decoração para uma festa artística!

Materiais
rolo de papel crepom, de qualquer tipo, de qualquer cor
balde normal
água
jornais
toalhas velhas
luvas de borracha, opcional
potes para medir
balde ou tigela pequena
farinha
sal
papelão ou tábua de carne para amassar
jarra ou lata vazia

Processo
1. Com as mãos, amasse um rolo de qualquer tipo de papel crepom, coloque-o em um balde comum e deixe-o em água durante a noite.
2. No dia seguinte, esprema a água. Coloque jornais e toalhas velhas sob o balde, para evitar vazamentos, e coloque mais água.

Dica de limpeza: use luvas de borracha se não quiser manchar a sua pele.

3. Meça 1 xícara (250 ml) desse papel amassado em um balde ou tigela pequenos. A seguir, acrescente 1/2 xícara (125 ml) de farinha e 1/4 de xícara (60 ml) de sal para cada xícara de papel. Faça quantas medidas você tiver de papel.
4. Misture e amasse com a mão. Use luvas de borracha para que o corante do papel não pegue nas mãos.
5. Quando estiver bem misturado, coloque a mistura sobre um papelão ou uma tábua de carne e amasse até que tenha consistência de massa.
6. Utilize essa massa para moldar pequenas figuras ou vasos. A massa de papel funciona bem, especialmente se for moldada em torno de vidros velhos de maionese ou geléia ou de uma lata grande.
7. Deixe que a massa seque na forma escolhida. Não retire-a do objeto que lhe deu forma. Essa massa poderá ser pintada, mas geralmente já é colorida o suficiente.

O LIVRO DOS ARTEIROS

Embalagens para presente marmorizadas

O papel marmorizado tem um desenho espiralado e ondulado, assim como a superfície do mármore, ou como os desenhos de bolas de gude. Esta técnica utiliza amido de milho dissolvido em água e tintas acrílicas, faz bastante sujeira e é fabulosa!

Materiais
amido diluído em água
fôrma de alumínio para biscoitos
tinta acrílica não-tóxica, em tubos de espremer
tampas de frascos
água
colheres de chá
pincéis pequenos com ponta ou instrumentos semelhantes
objetos para mexer, como lápis ou espetos de bambu
saco branco de papel
jornais

Processo
1. Coloque uma camada rasa, de cerca de 6 mm, de amido de milho dissolvido em água na fôrma para biscoitos.
2. Misture as tintas com um pincel pequeno e pontudo, nas tampas. Acrescente cerca de 3 colheres de chá (15 ml) de tinta e uma colher de chá (5 ml) de água. A tinta deve ser fina, com uma consistência que escorra. Misture diversas cores, uma por tampa.
3. Com o pincel pontudo, coloque algumas gotas de tinta no amido. Faça gotas aqui e ali, por toda a fôrma de biscoitos. Se quiser ter uma mistura de cores, utilize mais de uma.
4. Com um lápis ou outro instrumento, misture suavemente as gotas. Não há muito tempo antes que a tinta comece a afundar no amido.

Dica: experimente com palitos de dente colados em um retângulo de papelão (veja a ilustração).

5. Encoste suavemente um lado de um saco branco de papel na tinta que está na superfície do amido. A seguir, levante-o com cuidado, capturando no papel o desenho retirado do amido.
6. Lave o lado da tinta do saco de papel em água limpa para remover o amido, um pouquinho será suficiente. A seguir, deixe o saco de papel marmorizado secar, com o lado pintado para cima, sobre jornais.
7. Pingue mais tinta sobre o amido e faça mais sacos marmorizados.

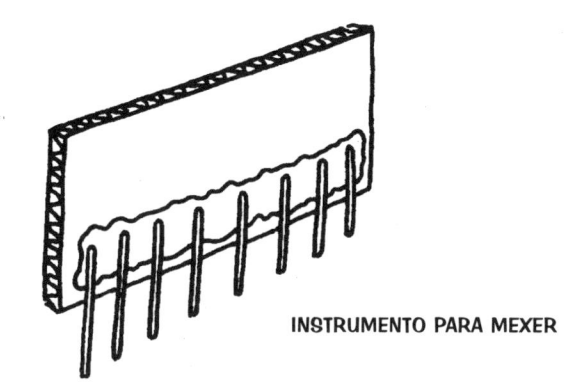

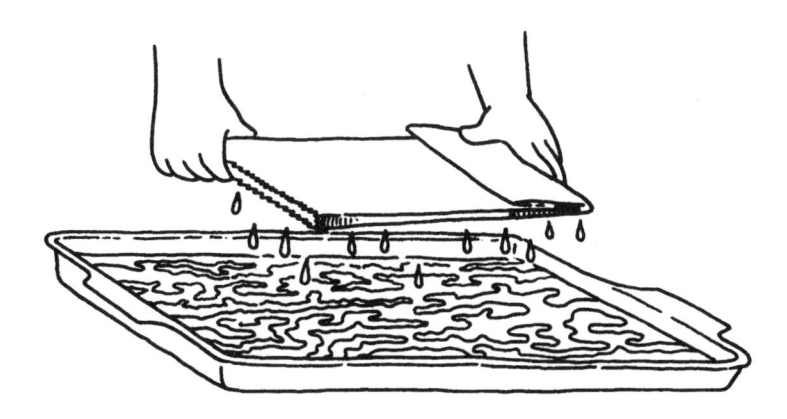

INSTRUMENTO PARA MEXER

MISTURAS E MELECAS

Jornal melecado

Cansado do velho papel machê? Aqui está uma versão melecada e fácil, excelente para utilizar como massa de modelar ou para cobrir caixas de papelão. Seja criativo e acrescente figuras de revistas para dar um toque pessoal!

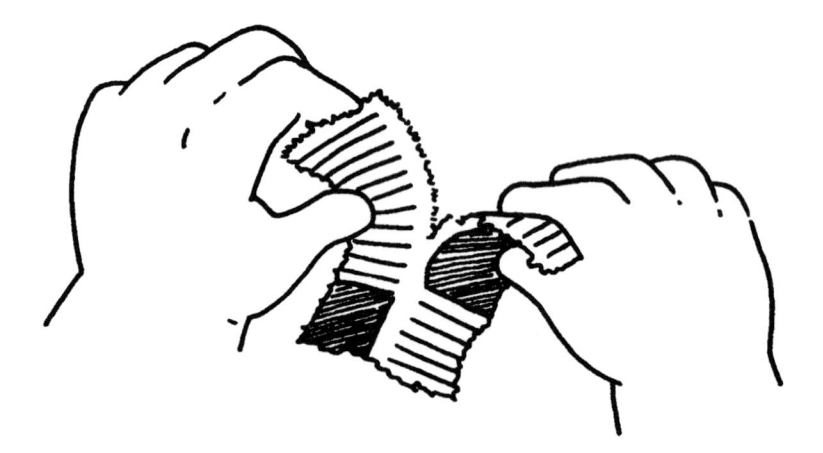

Materiais
jornais
balde ou tigela cheios d'água
toalhas ou trapos velhos
pasta de farinha (veja receita)
papel celofane
pincel
figuras ou fotografias de revistas
verniz acrílico ou transparente (somente adultos)

Receita de pasta de farinha

1/2 xícara (125 ml) de farinha
1/2 xícara (125 ml) de água
tigela
colher

- Misture bem a farinha e a água, até que esteja melecado. A receita pode ser duplicada ou triplicada, de acordo com a necessidade.

Jornal melecado (continuação)

Processo
1. Rasgue o jornal em quadrados de 3 cm de lado. Ensope em água até que esteja melecado ou polpudo.
2. Drene e esprema com as mãos. Deixe trapos e toalhas à mão para secar pingos e mãos molhadas.
3. A seguir, acrescente pasta de farinha (veja a receita na página 98) para dar uma consistência à meleca.
4. Misture até que esteja com uma consistência boa para trabalhar.
5. Use como massa para modelar pequenas esculturas ou pressione sobre um objeto que tenha forma, como uma pequena caixa de papelão. Deixe secar durante a noite ou até que esteja totalmente seco e duro.
6. Para um toque pessoal, quando a meleca estiver seca, forre com uma camada de papel celofane ou espelho colorido, com imagens de revistas ou com fotografias cobertas com amido ou com uma mistura de cola branca e água diluídas, até uma consistência fácil de espalhar.
7. Seque completamente.
8. Como opção para proteger e dar mais brilho, um adulto poderá borrifar a meleca artística com um verniz acrílico transparente.[1] Lojas de material escolar e artesanato têm muitas opções de vernizes que podem ser aplicados com *spray* ou pincel, para dar mais brilho e proteção.

Variações
- Cubra um tubo de papelão para fazer uma escultura cilíndrica.
- Pinte esculturas em vez de cobri-las com papel colorido.

---
[1] N. de RT. É mais indicado o verniz solúvel em água.

MISTURAS E MELECAS

Papel no liquidificador e porta-retratos

Um dos projetos artísticos mais bonitos é o papel feito em casa, em um liquidificador. A melhor parte desta atividade é pular sobre o papel para espremer a água! Utilize esse papel artístico grosso para expor fotografias feitas pelos artistas.

Materiais
retalhos de papel (veja lista)
bandejas
água, liquidificador
tela para filtragem, cerca de 30 por 50 cm
grande quantidade de jornais
câmera fotográfica e filme, opcional
ferro de passar, papel limpo e tábua de passar, opcionais
tesoura
fita crepe ou cola

Processo
O papel feito em casa no liquidificador é um trabalho conjunto de um adulto e do artista, sendo que a ajuda do primeiro é necessária do início ao fim. O artista é o *designer* neste projeto, tendo a colaboração do adulto o tempo todo.

1. Rasgue pequenos pedaços de papel. Coloque o papel rasgado em bandejas e cubra com água. Deixe ensopar durante a noite.

Dica: se estiver trabalhando em grupo, cada artista pode fazer sua própria "polpa especial" em um recipiente e deixar ensopando durante a noite.

2. Coloque uma pequena quantidade de papel molhado no liquidificador e cubra com água.[1] Bata até que esteja bem misturado, formando uma polpa de papel molhado pegajosa. Com uma colher, retire a polpa e espalhe na tela, deixando tudo escorrer para a bandeja.
3. Enquanto isso, abra uma folha de jornal. Coloque a tela em um dos lados e dobre o outro lado da folha sobre a tela. A seguir, vire todo o conjunto de papel e tela, colocando-o no chão.[2]
4. Usando meias, pise sobre a tela para espremer um pouco da água. Tente pisar sobre toda a tela, com passos curtos. A seguir, pule sobre o conjunto para espremer o resto da água.
5. Abra o jornal e retire a tela. Puxe o papel da tela e coloque sobre uma única folha de jornal para secar.

---

[1] N. de RT. Para dar mais consistência ao papel, acrescente um pouco de cola branca.
[2] N. de RT. A tela pode ser substituída por peneira plana, usada para cozinhar; e o jornal, por um pedaço de tecido fino.

Papel de liquidificador e porta-retratos (continuação)

6. Quando o papel estiver secando, se quiser, tire fotos de cenários, amigos, animais de estimação ou familiares, que mais tarde poderão ser montadas no papel feito no liquidificador. O papel e as fotografias dão um toque especial a presentes ou festas. Você também pode usar fotografias antigas que estejam à mão. O tempo de revelação permite que o papel seque.
7. Se desejar, você pode dar um acabamento com calor, passando o papel suavemente a ferro. Para isso, coloque-o sobre algumas folhas limpas de um forro de papel ou de uma toalha de mesa velha, tudo sobre a tábua de passar. Passe suavemente, em temperatura média.
8. Escolha uma fotografia (ou qualquer outra coisa) para grudar sobre o papel novo, usando fita adesiva ou cola. Se necessário, corte-o em dois a quatro quadrados menores, que irão adequar-se ao tamanho de cada fotografia.
9. Monte as fotos. A seguir, exponha-as, coloque-as em um álbum ou em uma moldura.

Ótimos retalhos de papel para experimentar

anúncios de jornal	lenço de papel
blocos de notas	livros para colorir
caixas de chá	mapas
caixa de flocos de milho	material de escritório
caixas de ovos	papéis bonitos
cartas de baralho	papéis de propaganda
cartões de felicitações	papel de computador
cartões-postais	papel espelho
embalagens de comida	papel higiênico
embalagens de presente	papel para presente
envelopes	pedaços de papel-cartão
fotos de revistas	revistas em quadrinhos

Sugestões artísticas

No liquidificador, misture outros ingredientes, como os sugeridos abaixo, para acrescentar cores e deixar o resultado mais interessante:

adesivos e selos
alecrim (fresco ou seco)
areia colorida
canela e açafrão
fio dourado
fitas rasgadas
folhas de chá secas
linhas coloridas
materiais pessoais, como pedaços de pano, cadarços e fotografias
pedaços de folhas, grama, ervas
pequenos pedaços de folha de alumínio ou papel metálico
pétalas de flores secas
purpurina
temperos
tinta, corante para comida ou papel crepom, para colorir

- Uma mistura áspera de polpa deixará partículas de papel à mostra no produto acabado. Para obter um papel aromatizado, coloque extratos de baunilha, laranja, cereja, amêndoas ou menta. Você também pode colocar água de colônia ou perfume. Experimente um perfume de cada vez. Papel rasgado ou outros tipos de papéis diferentes costumam ser dados gratuitamente em gráficas locais.
- Para guardar a polpa que não foi utilizada, filtre-a com uma peneira para retirar a água (desentupa de vez em quando com a mão). Use suas mãos para espremer a maior quantidade de excesso de água possível. Deixe secar.

Papel de liquidificador e porta-retratos (continuação)

> **Mais possibilidades com o papel!**
> - O papel crepom contém um corante forte e colorido. Se você colocar pequenos pedaços na polpa acabada, quando estiver pronta para ser posta na tela, obterá pedaços coloridos do papel seco.
> - Coloque pedaços de papel de revistas, com palavras ou imagens, na polpa acabada, um pouco antes de levá-la à tela para secar. Os desenhos e as palavras do papel rasgado terão destaque especial, no trabalho final.
> - Papéis divertidos e revistas em quadrinhos dão cores ao produto final.
> - Pressione o papel molhado contra uma janela, para que seque com esse formato.

Variações
- Faça pedaços de papel de tamanhos adequados a fotografias ou a outros trabalhos.
- Utilize papel feito em casa para expor trabalhos artísticos ou para fazer cartões ou etiquetas para presentes.
- Pressione a polpa de papel úmida no contorno de suportes para fotos, para fazer outras molduras.
- Coloque polpa colorida em frascos de plástico (como os utilizados para mostarda e ketchup) e faça desenhos sobre um papelão, *passe-partout* ou outro tipo de papel, espremendo-os.
- Faça uma tigela da polpa de papel, espalhando a polpa filtrada dentro de uma tigela forrada com plástico de embalar e untada (ou esfregada com vaselina). É como se você fosse fazer uma massa de bolo em uma fôrma! Deixe a polpa secar totalmente. Pinte-a com tinta acrílica transparente, ou não, para selar. Não use a tigela para qualquer coisa além de decoração, pois a umidade irá amolecê-la e destruí-la.

Capítulo 5
Idéias ousadas

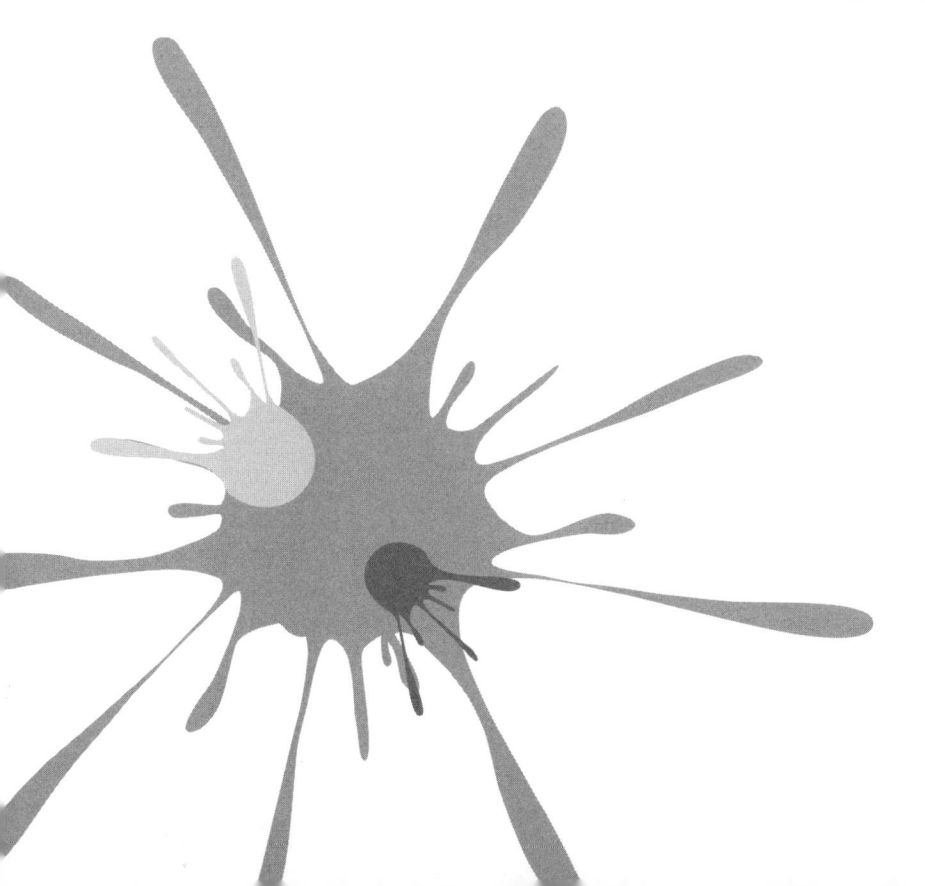

Dia de brincar com papel higiênico
Enfeite exuberante com tubos
Pasta primavera para brincar
Pintando com mata-moscas
Pintando às cegas
Desenhando com carvão
Pum! A tinta explosiva
Móbile da caixa das centenas
Pare, enrole e pinte
Pinte uma bola
Cubo quebra-cabeças grande, muito grande
Retalho de lembranças
Tecelagem interminável
A escultura da casa realista
Esculpindo um dinossauro
O caminho das pedras de concreto

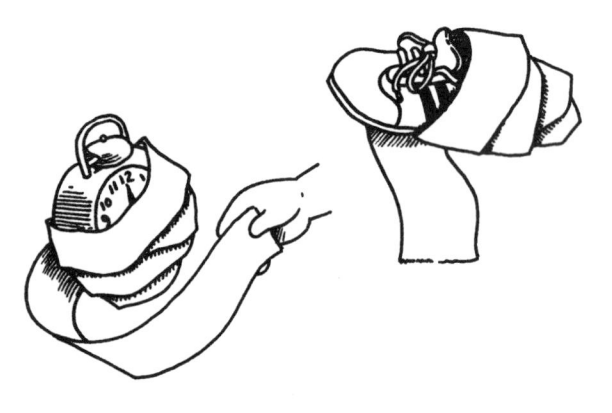

Dia de brincar com papel higiênico

Crianças adoram papel higiênico! Enrolar umas nas outras enormes pedaços de papel é muito divertido e dá para fazer esculturas inesquecíveis.

Materiais
rolos de papel higiênico
2 ou mais artistas

Processo
1. Comece abrindo e desenrolando um pequeno pedaço de um rolo de papel higiênico. Veja como funciona. Não se surpreenda de ver o rolo quicando no chão enquanto desenrola.
2. Para a primeira escultura animada, uma pessoa é voluntária como modelo; e a outra, como artista. O artista enrola o modelo em papel, de qualquer maneira que seja divertida para os dois. Faça uma múmia ou experimente outros modelos ou formas.
3. Quando a escultura estiver terminada, inverter as posições!
4. Utilize os restos do papel usado na escultura para fazer papel caseiro (p. 100) ou massa de papel (p. 98).

Variações
- Faça roupas para animais de brinquedo ou bonecas.
- Faça uma pilha enorme de papel higiênico para esconder-se.
- Enrole móveis, como o famoso artista Cristo.
- Enrole objetos em papel higiênico, para disfarçá-los.
- Faça pilhas de rolos de papel higiênico, como uma construção.
- Cubra a porta de entrada de uma sala com faixas de papel higiênico.
- Crie uma teia de aranha ou um labirinto com papel, ocupando toda uma sala.
- Utilize papel para criar um esconderijo, um mundo de fantasia, ou uma imitação.
- Pinte com o rolo de papel higiênico.
- Pingue tinta, corante de comida ou de papel sobre um rolo.

Enfeite exuberante com tubos

Esse enfeite para cortinados pode decorar todas as quatro paredes de uma sala, serve para qualquer ocasião feliz ou simplesmente dá um novo uso para todos aqueles tubos que vêm dentro do papel de embalagem, papel-toalha ou papel higiênico.

Materiais
tubos de papelão internos de papel toalha, papel de embalagem ou papel higiênico
materiais para decoração (veja o passo número 2)
canudos de refrigerante de plástico
tesoura
barbante ou fio grosso
fôrmas grandes de papel para brigadeiro

Processo
1. Guarde cerca de 100 tubos internos de papel toalha e outros, de papelão.
2. Decore cada um. Aqui estão umas sugestões:
   Pinte os tubos com guache e deixe secar.
   Cole papel espelho sobre os tubos com cola branca diluída ou goma e deixe secar.
   Enrole os tubos com papel para presente.
   Cubra-os com adesivos, etiquetas ou outros materiais de decoração autocolantes.
   Desenhe com canetas hidrográficas sobre as etiquetas ou retalhos.
3. Corte os canudos em pedaços.
4. Enfie um barbante grosso nos tubos, colocando um pequeno prato de papel, um canudo e outro prato de papel, e assim por diante, em um padrão repetido, formando um enfeite com espaços entre os tubos e mantendo-os separados.

Dica: use as pontas da tesoura para fazer furos nas fôrmas para brigadeiro ou nos pratos de papel.

5. Meça seu enfeite de vez em quando e coloque mais e mais tubos e outros materiais, até que o comprimento seja suficiente. Você pode precisar de mais barbante.
6. Pendure o enfeite ao redor da sala, a partir de pontos firmes, como marcos de portas e janelas, pois a decoração será pesada.

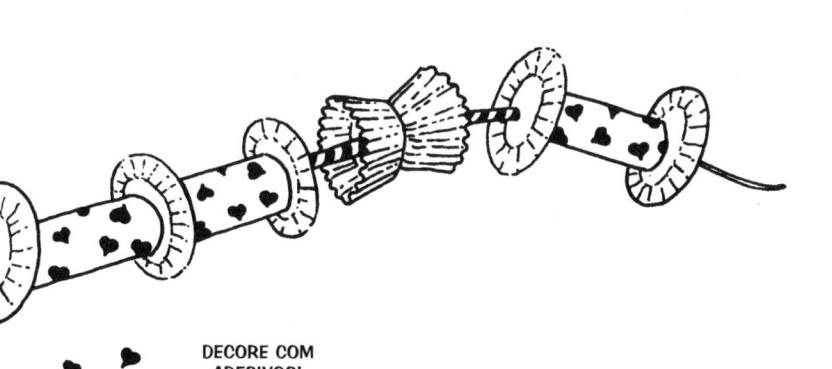

DECORE COM ADESIVOS!

IDÉIAS OUSADAS **105**

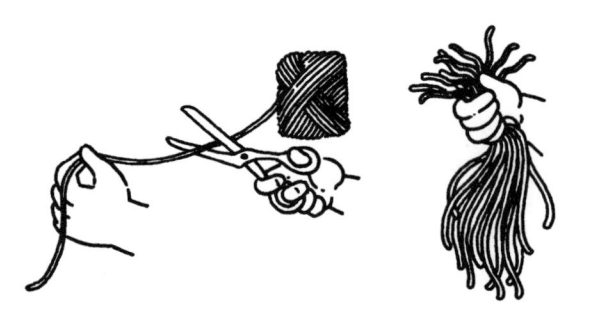

Pasta primavera para brincar

Faça um espaguete imaginário muito artístico, com massa e molho de tinta vermelha. Prepare-se para uma sessão culinária artística!

Materiais
barbante
tesoura
panela velha grande
tigela grande
guache vermelha
cola branca
xícara para medida
escova ou palito para misturar
pegador de macarrão
círculo de papelão em forma de pizza
purpurina em um saleiro, opcional
papel-cartão, opcional

Processo
1. Corte o barbante (espaguete imaginário) em pedaços de 30 a 40 cm.
2. Encha a panela velha com esses pedaços.
3. Coloque de 3 a 5 cm de tinta vermelha (molho imaginário) na tigela. Misture com um quarto de xícara (60 ml) de cola branca. Mexa até que esteja misturado.
4. Pegue uma porção de "espaguete" com os pegadores de massa. Mergulhe no "molho vermelho". Coloque sobre o papelão. Borrife com "queijo" de purpurina.
5. Se quiser, coloque outros ingredientes no espaguete de mentirinha, como azeitonas, cogumelos ou salsichas feitos de papel-cartão. Eles irão grudar no "molho" vermelho, sem necessidade de colocar mais cola.

Variações
- Faça um pesto, com tinta verde; ou molho de queijo, com tinta amarela.
- Corte papel amassado em pedacinhos, para ficar parecido com queijo parmesão.
- Faça pinturas com o barbante, arrastando, encostando e deixando pingar no papel.

106 O LIVRO DOS ARTEIROS

Pintando com mata-moscas

Pá! Tum! Bang! Os mata-moscas fazem barulho e deixam imagens muito legais quando mergulhados em tinta e batidos no papel! Essa atividade é sempre um estouro. Aviso importante: cuidado com gotas de tinta voadoras!

Materiais
papel de embrulho ou kraft
fita adesiva ou pedras
tinta guache
recipientes rasos
mata-moscas limpos

Processo
1. Desenrole papel de embrulho ou kraft sobre uma mesa, no chão ou no jardim. Cole as pontas com fita adesiva ou prenda-as com pedras.
2. Coloque tinta em recipientes rasos.
3. Deixe os recipientes com tinta ao redor do papel, com um mata-moscas em cada um.
4. Mergulhe o mata-moscas na tinta, levante suavemente e bata com ele no papel para fazer pinturas. Bata até que as imagens deixadas comecem a ficar fracas, coloque na tinta de novo e faça mais imagens.

Dica: a maior parte da tinta do mata-moscas cai quando ele é recém-levantado do papel. Ele tende a grudar um pouco e depois soltar-se, desprendendo a tinta. Os artistas também tendem a querer bater com os mata-moscas na tinta, da mesma forma que fazem com o papel, e talvez precisem ser lembrados de apenas pressionar o mata-moscas na tinta e bater à vontade no papel.

5. Quando o papel estiver cheio de imagens gravuradas feitas com o mata-moscas, deixe secar onde estiver ou leve para uma área de secagem, abra mais papel e comece de novo!
6. Quando terminar, lave os mata-moscas e recipientes, guardando-os para outro dia.

Variações
- Bata com o mata-moscas em uma mesa cheia de espuma de barbear e veja o que acontece! Mantenha uma certa distância! Pode ser necessário usar óculos de natação ou escuros!

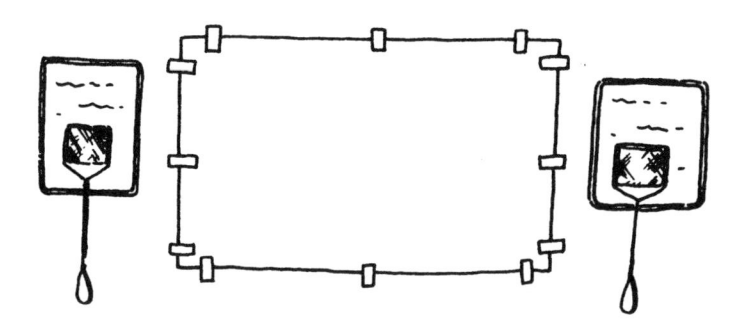

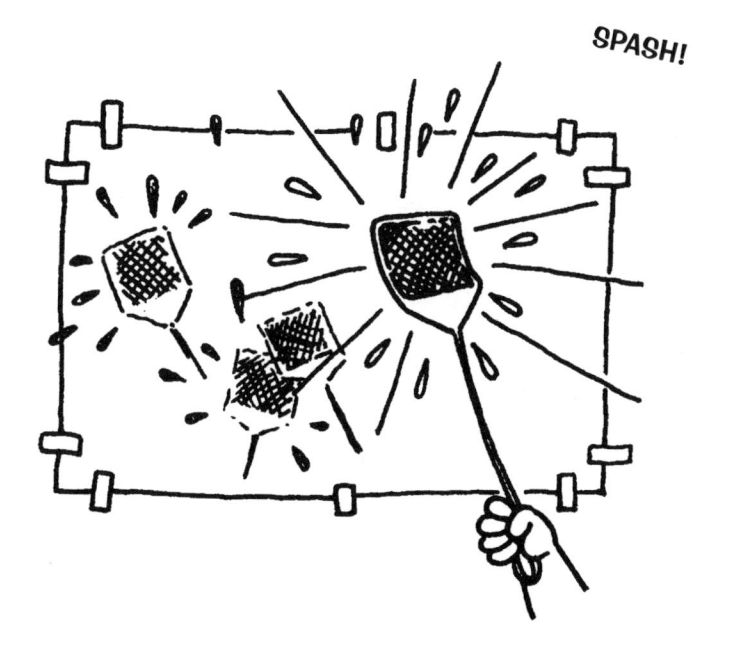

IDÉIAS OUSADAS

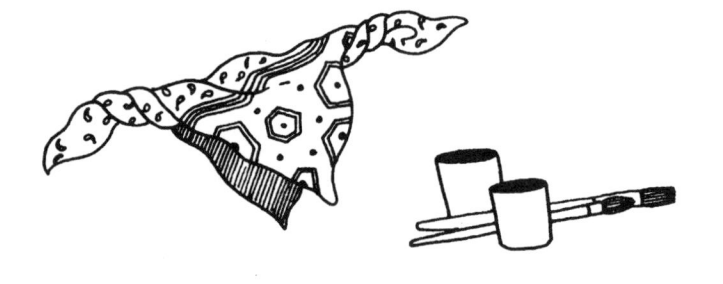

Pintando às cegas

Como será pintar quando não se pode ver o trabalho? Não importa o resultado, o processo é divertido e diferente a cada vez!

Materiais
venda (um lenço funciona bem)
papel
cavalete de pintura ou papel colado na parede
tinta
pincéis

Processo
1. Suavemente, coloque uma venda sobre os olhos do artista e leve-o até o cavalete de pintura.
2. Posicione o artista na frente do cavalete, que já deve ter sido preparado com o papel, as tintas e os pincéis, estando pronto para uso. Não vale espiar!

Dica: é divertido perguntar antes ao artista que cores ele gostaria de usar, mas não deixe que ele as veja!

3. O artista deve tocar no papel, nos recipientes de tinta, no local onde estão os pincéis e começar o trabalho!
4. O artista irá pintar até que esteja satisfeito com a obra de arte. Aí, retire a venda.
5. Que surpresa!
6. Experimente outras pinturas em uma folha de papel nova. Os resultados mudaram?

Variações
- Experimente outros tipos de trabalho vendados, como
    - aquarela
    - argila ou massa de modelar
    - colagem
    - desenhar ou colorir
    - esculturas com pedaços de madeira
    - pintura com os dedos

- Experimente outros jogos e atividades com os olhos vendados, como
    - caminhar (com orientação)
    - montar quebra-cabeças
    - ouvir uma história
    - "ver" TV

108   O LIVRO DOS ARTEIROS

Desenhando com carvão

O carvão permite que pequenos (ou grandes) artistas façam experiências com desenhos, sombras e manchas sobre um pedaço enorme de papel grudado na parede.

Materiais
jornal
fita adesiva
folha grande de papel, como papel de embrulho ou kraft
carvão para desenho
toalha úmida
lenço de papel, bolas de algodão, esponjas, cotonetes

Processo
1. Em primeiro lugar, prenda o jornal na parede para cobrir uma área pouco maior do que o papel no qual irá desenhar. A seguir, cole o papel no meio do jornal, para proteger a parede em torno das bordas.
2. Desenhe no papel grande com pedaços de carvão.

Dica de limpeza: carvão faz muita sujeira. Tenha à mão uma toalha úmida para limpar os dedos de vez em quando. Uma boa forma de guardar desenhos feitos com carvão é enrolá-los e prendê-los com um barbante.

3. Explore as formas vendo como o carvão se mistura e mancha, usando as mãos, os dedos ou outros instrumentos, como hastes com pontas de algodão.
4. Retire da parede ou deixe-o exposto.
5. Lave as mãos com água e sabão, mas seque com toalhas velhas!

Variações
- Coloque o papel sobre uma parede ou calçada texturizadas, para marcar o relevo sob o papel com carvão.
- Faça marcas de qualquer coisa, por dentro ou por fora. Muita gente gosta de fazê-las com palavras e imagens de prédios, placas, lápides ou medalhas.
- Ofereça diversas grossuras e tamanhos de carvão.

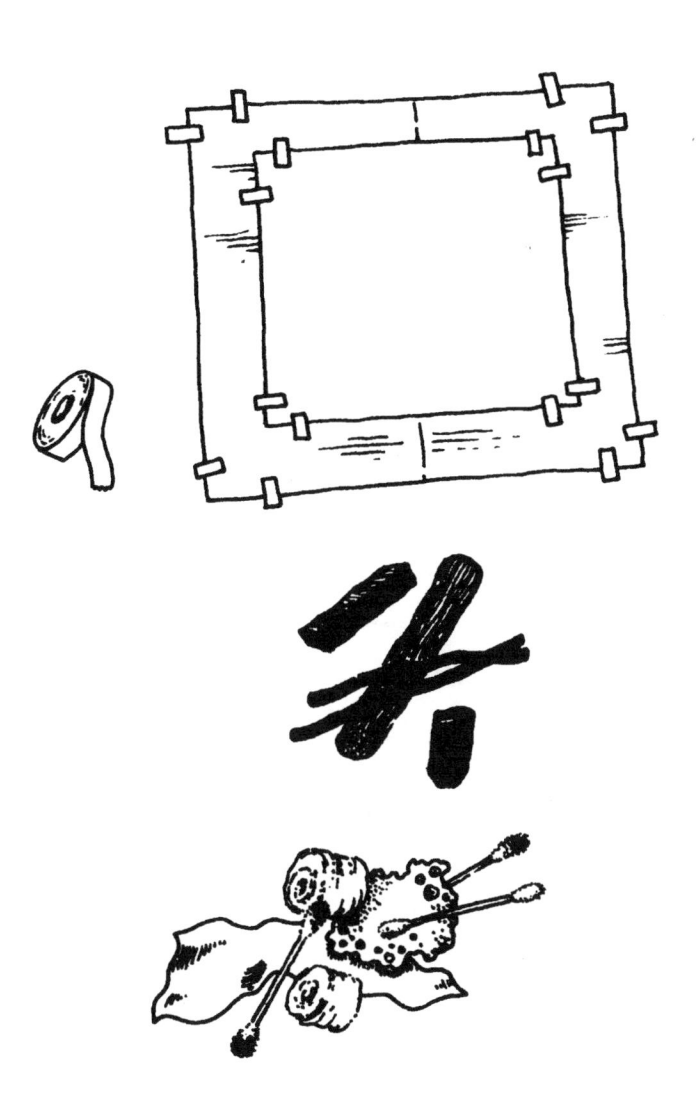

COTONETES, ESPONJAS, TRAPOS E BOLAS DE ALGODÃO

IDÉIAS OUSADAS **109**

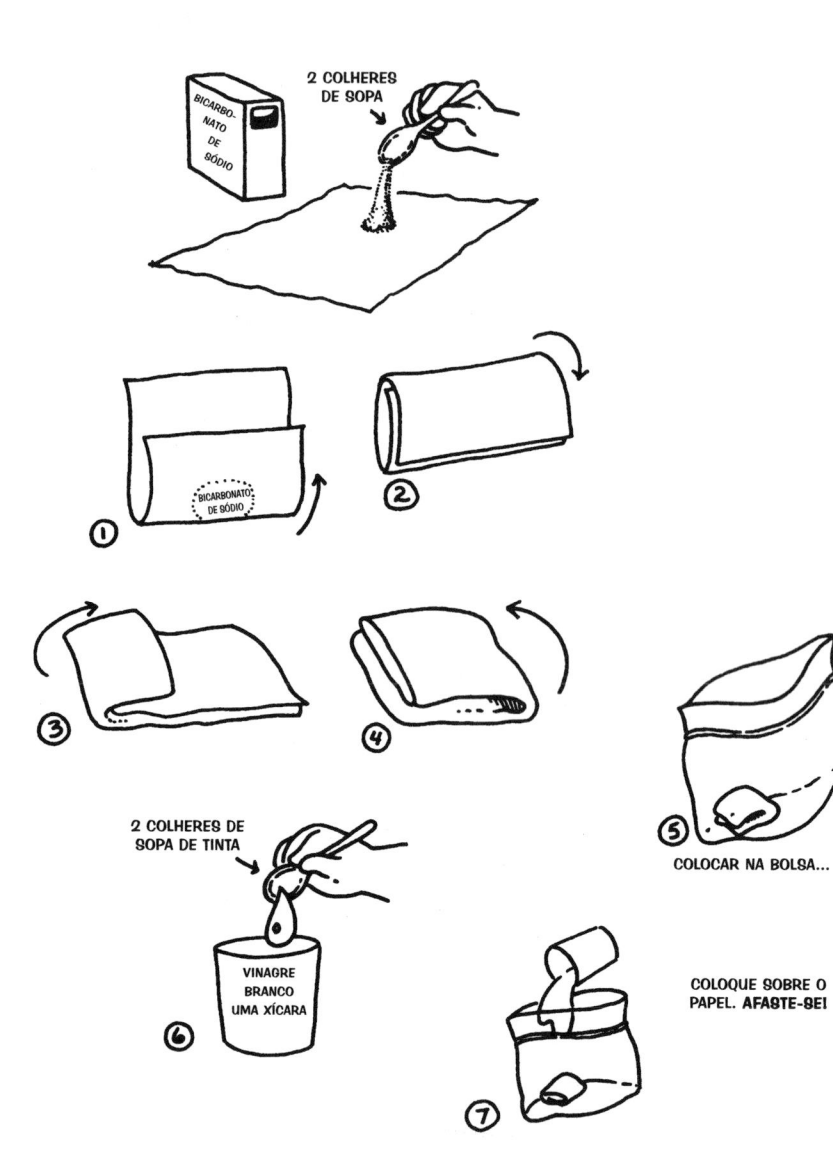

Pum! A tinta explosiva

Se você gosta que a sujeira e a emoção rolem juntas, em um trabalho artístico sensacional, esta atividade é para você! Ponha os ingredientes em um saco de plástico do tipo com fecho (*zipbag*), afaste-se e PUM! Um estouro de obra de arte!

Materiais
folha grande de papel
papel-toalha
tesoura
bicarbonato de sódio
xícaras para medir e colheres
tinta fina, de cor brilhante, de qualquer tipo
vinagre branco
sacos de plástico com fecho

Processo
1. Abra uma folha grande de papel liso, ao ar livre ou em um espaço grande dentro de casa.
2. Prepare os sacos com tinta. Comece cortando o papel-toalha em quartos.
3. Ponha duas colheres de sopa (30 ml) de bicarbonato de sódio no meio de um quadrado de papel-toalha.
4. Para fazer um pacote de papel-toalha para segurar o bicarbonato, dobre todos os lados do papel-toalha sobre a pilha do pó. Coloque o pacote de bicarbonato dentro de um saco plástico com fecho.
5. Acrescente 2 colheres de sopa (10 ml) de tinta a uma xícara (250 ml) de vinagre branco. Coloque o vinagre colorido no saco com o bicarbonato embrulhado. Feche rapidamente e coloque sobre o papel. Afaste-se! O bicarbonato de sódio e o vinagre irão se misturar e abrir o saco com um estouro, espalhando tinta sobre o papel.
6. Faça diversas explosões para uma mesma pintura, ou uma para cada.

Variações
- Faça experiências com tipos diferentes de tinta ou corante de comida.
- Utilize papelão ou papel mais grosso, sacos mais grossos e/ou mais ingredientes.

110 O LIVRO DOS ARTEIROS

Móbile da caixa das centenas

Cem dias do ano, cem anos de idade, cem dias de chuva! Festeje, descobrindo "centenários" para ajudar a criar uma caixa das centenas, pendurada no teto. É bom fazer esta atividade individualmente, e cem vezes melhor em grupo.

Materiais
caixa de papelão no formato de um grande cubo
papel liso e fita adesiva, opcionais
tesoura
barbante grosso ou linha de pescar
fita adesiva
cola
conjunto de centenas de itens (veja lista na página 112)
canetas hidrográficas, giz de cera

Processo
Este projeto foi montado para um grupo de artistas trabalharem em conjunto; entretanto, uma pessoa pode fazê-lo facilmente, descobrindo diversas centenas.

1. Uma caixa de papelão, sem nada escrito, é melhor. Se quiser, você pode embrulhar a caixa com papel liso, depois do passo 4.
2. Faça um furo pequeno no canto da caixa. Dê um nó grande em uma das pontas da linha. Enfie-a no furo, pelo lado de dentro da caixa, de forma que o nó permaneça dentro e o resto da linha, fora.
3. Prenda o nó com fita adesiva no interior da caixa para maior segurança. Utilize quanta fita for necessária para que a linha esteja bem presa na caixa, ao pendurar.
4. Feche a caixa com cola e fita adesiva.
5. Cada criança trará centenas de figuras para colagem e as colocará na área de trabalho.
6. O grupo decidirá como e onde as figuras serão coladas na caixa.

Dica: alguns artistas irão agrupá-las, outros irão espalhá-las e outros, ainda, irão querer fazer contornos e desenhos. Às vezes, os membros do grupo escolhem partes da caixa, que se tornam espaços individuais. Alguns grupos gostam de desenhar, antes, com canetas hidrográficas ou giz de cera.

7. Agrupe as centenas de itens na caixa, da forma que quiser.

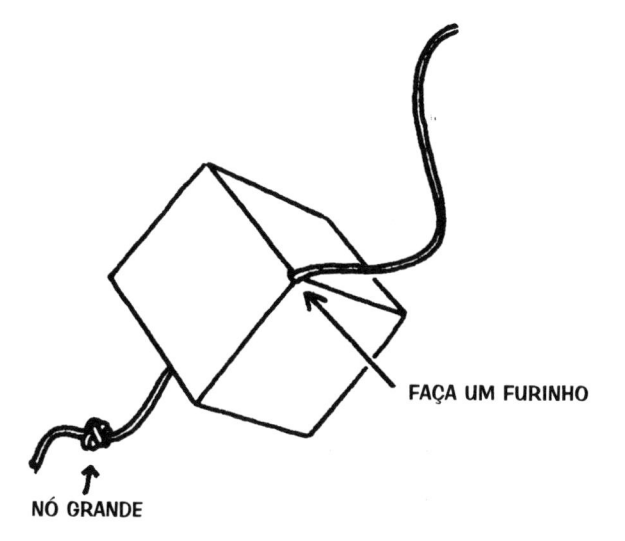

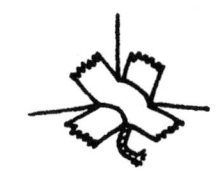

FAÇA UM FURINHO

NÓ GRANDE

COM FITA ADESIVA, PRENDA O NÓ FIRMEMENTE NO INTERIOR DA CAIXA.

IDÉIAS OUSADAS

Móbile da caixa das centenas
(continuação)

8. Deixe os conjuntos secar por algum tempo.
9. Pendure a linha presa à caixa em um canto do teto. Observe-a girar e se movimentar, mostrando os conjuntos especiais de centenas. Use-a para ajudar a festejar o centenário de qualquer coisa, ou fique olhando as centenas por muito tempo (10 conjuntos de 100 formam 1.000. É algo para se pensar!)

Coisas possíveis de juntar

bolas de algodão
botões
chips de computador
diferentes grãos
etiquetas
miçangas
olhos de bonecas
palitos
pedras
penas
pequenos galhos
retalhos de papel
rótulos
saquinhos de chá

Variações
- Para desenvolver habilidades em grupo, pendure a caixa antes de colocar os conjuntos, colocando e segurando a caixa pendurada, sempre em movimento.
- Cubra a caixa com papel antes de acrescentar os conjuntos. Papel de embalagem funciona como um fundo divertido e festivo.
- Com linhas, pendure 10 caixas pequenas em um bastão. Cole um conjunto de 100 em cada caixa.

100 BOTÕES
100 PENAS
100 SELOS

Pare, enrole e pinte

Você conhece alguém que não seja fascinado por plástico-bolha? Mas será que as pessoas topariam ser enroladas nele? Este trabalho produz pinturas cômicas com bolinhas, se é que conseguirão parar de rir por um tempo suficiente para experimentá-lo!

Materiais
caixa de papelão grande de eletrodomésticos
tesoura ou estilete (somente adultos)
papel kraft grande
fita adesiva
qualquer tipo de plástico-bolha
guache
fôrmas rasas
rolos de pintar

Processo
1. Em primeiro lugar, com a ajuda de adultos, construa a câmara para a pintura com bolhas. Corte uma porta em um dos lados da caixa de papelão, que possa ser fechada depois que o artista enrolado no plástico-bolha entrar.
2. Cubra o lado de dentro da caixa com folhas grandes de papel kraft. Prenda com fita adesiva.
3. Abra a porta para que o artista entre quando estiver pronto, depois do passo 6.
4. Enrole um artista voluntário no plástico. Faça tubos em torno das pernas, dos braços, do corpo todo (mas não da cabeça, rosto ou pés). Certifique-se de que ele ainda possa caminhar. Enrole até a quantidade que o artista achar divertido.

Dica de limpeza: o artista deve usar roupas velhas ou mesmo uma capa de chuva velha ou um saco de lixo, para proteger suas roupas.

5. Encha fôrmas rasas com guache, cerca de 6 a 13 mm.

Dica de limpeza: misture o guache com xampu infantil para facilitar a limpeza.

6. Pegue rolos de pintura e role-os na tinta. A seguir, role a tinta sobre o plástico-bolha. Use quantas cores quiser.
7. Agora o artista enrolado e pintado entra na câmara. Feche a porta, mas fique observando de cima. O artista irá rolar e encostar-se nas paredes, devagar mas firmemente, deixando marcas de plástico-bolha no papel kraft. Quando terminar, desenrole o artista (mas guarde o plástico-bolha para a próxima vez), descole o papel do interior da caixa e remova-o. Coloque outro para o próximo voluntário.

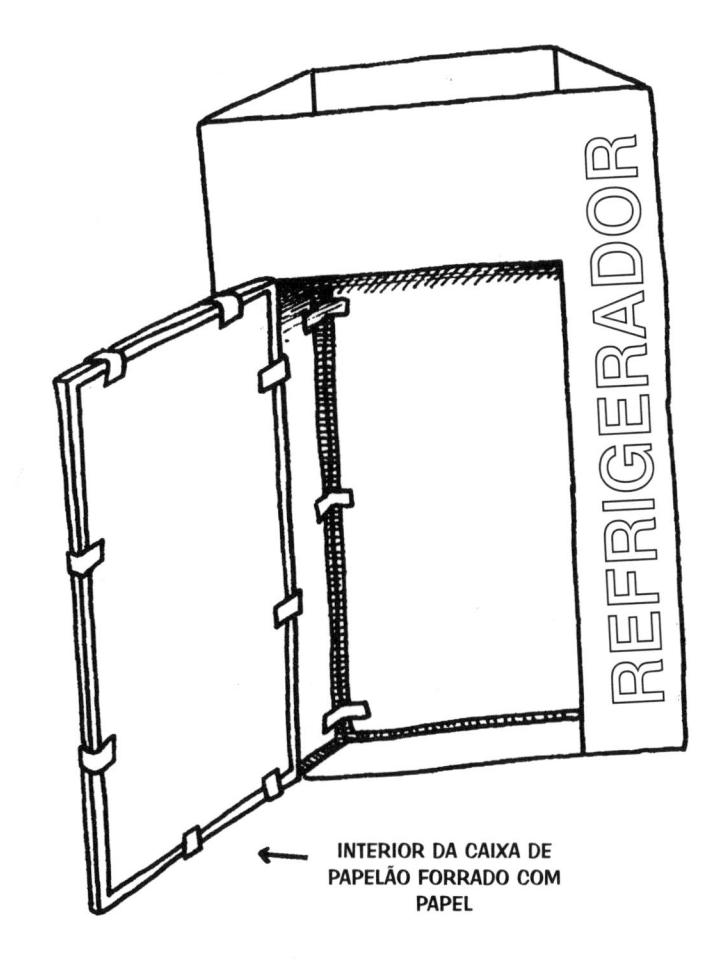

← INTERIOR DA CAIXA DE PAPELÃO FORRADO COM PAPEL

IDÉIAS OUSADAS **113**

Pare, enrole e pinte (continuação)

Variações
- Versão simplificada: faça pinturas com plástico-bolha rolando sobre papel colado no chão ou na parede.
- Enrole objetos em plástico-bolha para fazer pinturas, como uma bola de brinquedo, um rolo de massa ou uma caixa de papelão.
- Cubra a sola de um sapato ou faça luvas de plástico-bolha para pintar.
- Grampeie objetos a uma capa de chuva velha. Vista-a, passe tinta nela e faça pinturas.

Pinte uma bola

Pendure uma bola no teto e tente pintá-la. Quer um desafio a mais? Use apenas uma das mãos.

Materiais
barbante
tesoura
bola
pedaços grandes de papel fino (sulfite ou kraft)
fita adesiva e grampeador de tapeçaria (ajuda de adulto)
tinta guache
pincéis

Processo
1. Em primeiro lugar, amarre um pedaço de barbante a uma bola (bolas de praia ou bolas para treinamento de boxe têm pontos perfeitos para amarrar), longo o suficiente para que possa ficar pendurada no teto, à altura dos olhos do artista.
2. Para cobrir a bola com papel antes de pintar, faça um tubo cilíndrico grande para enrolar em volta dela. Prenda com fita adesiva (veja a ilustração). Amasse a parte superior do tubo de papelão, feche-o com a fita, mantendo o barbante livre. Faça a mesma coisa na parte inferior do tubo. Pressione pregas e rugas, mas não se preocupe com elas, pois irão contribuir para a pintura.
3. Prenda o barbante ao teto com fita adesiva ou grampeador.
4. Para começar, mergulhe um pincel na tinta e tente pintar a bola utilizando uma das mãos, sem segurar a bola com a outra.
5. Deixe que a tinta seque sobre a bola. Deixe a pintura sobre ela para expor, ou remova-a, desfazendo cuidadosamente o embrulho de papel (veja como as pregas e rugas melhoraram o desenho). Deixe secar sobre uma superfície plana.

Variação
- Faça um decaedro de papel para uma pintura que possa ser guardada (o decaedro é feito de 10 círculos grampeados nas bordas, para criar um formato de globo. Veja a ilustração).

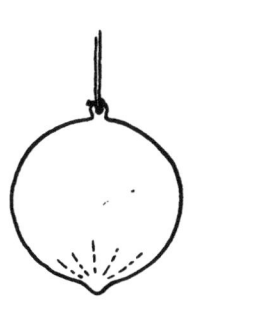

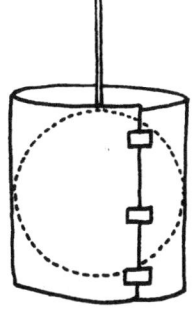

IDÉIAS OUSADAS **115**

Cubo quebra-cabeça grande, muito grande

Fazer um quebra-cabeça é uma atividade visualmente interessante, mas, se cada peça tiver seis lados, então será completamente fascinante! Quatro caixas grandes são o começo de um quebra-cabeça desafiador, criativo, grande, muito grande, e cada vez maior!

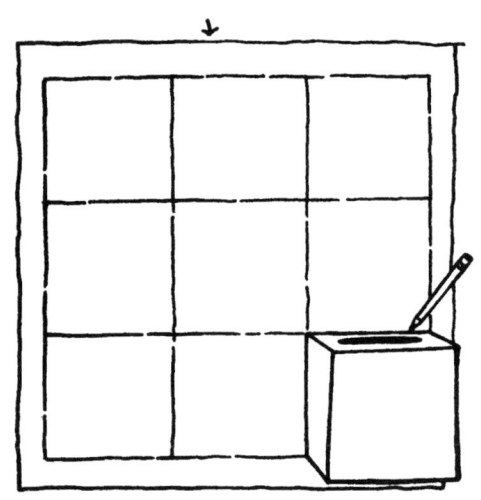

Materiais
9 caixas grandes de lenço de papel
lápis
folha grande de papel espelho branco ou kraft
canetas hidrográficas, giz de cera, canetas, lápis
tesouras
cola, fita adesiva

Processo
Quebra-cabeça pequeno (1 lado, 9 caixas)

1. Com um lápis, marque o lado maior de uma caixa (não a parte de cima ou de baixo) sobre o papel de embrulho. Faça nove marcas dessas, todas encostadas umas nas outras, sendo três verticais e três horizontais, que irão formar um grande quadrado com nove partes. Coloque a caixa de lado (veja a ilustração).
2. Faça um desenho inteiro no quadrado grande, que preencha todas as nove partes.
3. Recorte todas as partes do desenho. Cole cada uma em um lado da caixa (não na parte de cima ou de baixo, apenas nos lados).
4. Agora junte todas as caixas para formar o desenho original. É um quebra-cabeças legal, de nove partes!

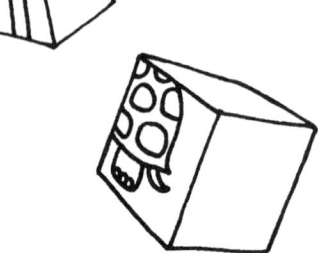

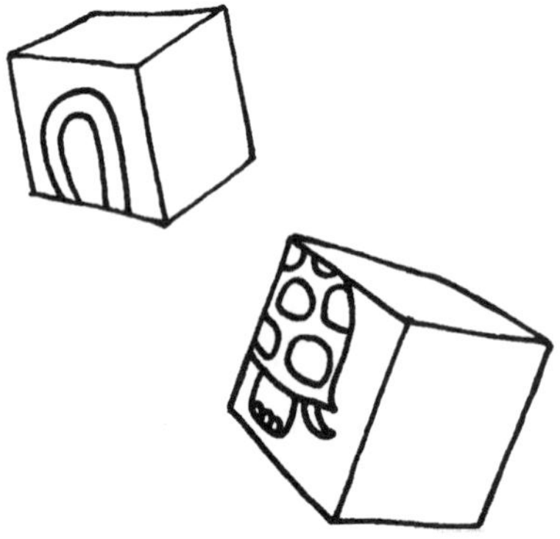

116 O LIVRO DOS ARTEIROS

Cubo quebra-cabeça grande, muito grande (continuação)

QUEBRA-CABEÇA GRANDE, MUITO GRANDE (6 LADOS, 9 CAIXAS)

Processo

Cada lado da caixa será parte de um dos seis quebra-cabeças, cada um deles com nove partes.

1. Repetindo o mesmo método explicado acima, faça outro desenho completo para o quebra-cabeça. Mais uma vez, o desenho terá nove partes, três verticais e três horizontais, como antes.

Dica: os desenhos podem ser coisas reais, cenas ou imagens abstratas malucas, ou também você pode cortar uma gravura ou cartaz antigo, fotos de revistas ou papéis de embrulho, em vez de desenhar ou colorir.

2. Corte os quadrados e cole cada um deles em um lado grande de uma caixa.
3. Repita o método do quebra-cabeça, fazendo mais dois desenhos completos e colando-os no conjunto de nove caixas. Cada caixa terá dois lados vazios, o de cima e o de baixo. Isso significa que se pode fazer mais dois quebra-cabeças de desenhos!
4. Desenhe o topo da caixa nove vezes, três horizontais e três verticais. Isso irá formar um quadrado menor do que o anterior, mas ainda com nove partes. Faça um desenho nesse quadrado. Corte-os como antes e cole-os, cada um em um lado de cima de uma caixa.
5. Repita o passo acima, fazendo nove outros quadrados para as partes de baixo das caixas. Desenhe nesse quadrado e corte o desenho, colando nos lados de baixo de cada caixa.
6. As caixas estão agora totalmente cobertas, em todos os lados, com uma peça de quebra-cabeça.
7. Você consegue montar os seis diferentes quebra-cabeças, um de cada vez, rolando as caixas, movimentando-as, até que o desenho esteja completo?

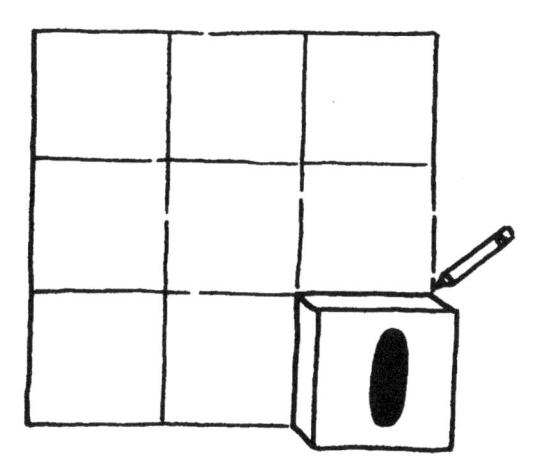

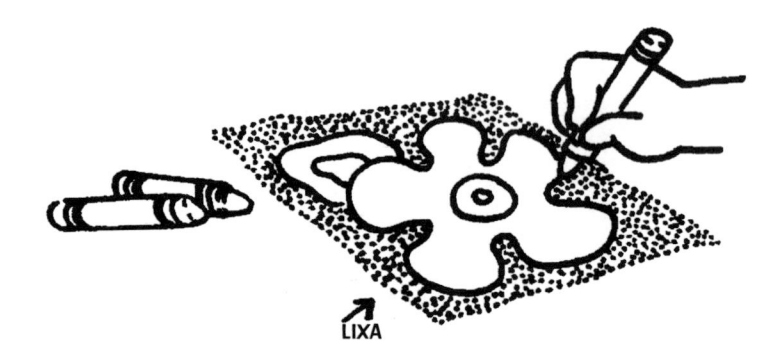

Retalho de lembranças

Crie um retalho que será uma herança artística para o sortudo que a receber. Não se surpreenda se todos quiserem um desses retalhos memoráveis!

Materiais
papel ou tecido branco
giz para tecido
trena
tesoura velha
lixa
uma fonte de calor segura, como uma frigideira ou panela elétrica rasa forrada com papel alumínio
luvas de trabalho ou manguitos para calor, opcional
ferro e tábua de passar velhos
papel para passar a ferro
tecido para o verso do mosaico, de qualquer desenho
máquina de costura e aviamentos, como linha e alfinetes
linha e agulha grande

Processo
Fazer este retalho envolve calor e eletricidade, exigindo constante acompanhamento, ajuda e supervisão de adultos.

1. Use trena e giz para tecido para marcar quadrados de 20 cm sobre o tecido. Coloque de lado.
2. Corte quadrados de lixa com 20 cm, com uma tesoura velha. Faça um quadrado de lixa para cada quadrado do tecido.
3. Coloque um quadrado de lixa na fonte de calor, com o lado da lixa para cima.

Dica: seja cauteloso e tenha supervisão quando estiver trabalhando com uma fonte de calor. Use luvas de trabalho ou manguitos de cozinha na mão que não está desenhando, se quiser.

4. O artista irá colorir com cuidado uma imagem sobre a lixa, observando as marcas de giz de cera derretendo na lixa grossa. Ponha de lado e deixe esfriar. Faça um quadrado de lixa para cada quadrado do tecido.
5. Para transferir os quadrados de giz de cera para o tecido, aqueça o ferro, regulado na temperatura de algodão. Forre a tábua de passar com papel limpo.
6. Coloque o desenho da lixa, virado para baixo, sobre um dos quadrados marcados (o desenho virado para o tecido e o verso da lixa virado para cima). Cubra tudo com um pedaço limpo de papel para proteger o ferro. A seguir, pressione o verso da lixa para transferir a imagem para o tecido. Pressione com firmeza. Não mexa demais o ferro.

Retalho de lembranças (continuação)

7. Um adulto irá construir o retalho com toda a ajuda do artista (ou artistas) que for necessária. Quando todos os quadrados tiverem sido passados para o tecido, corte um pedaço do forro do retalho, do mesmo tamanho. Escolha um tecido que já tenha um desenho de retalho bonito e seja macio e fofo. Vire ambos os tecidos do avesso (os lados de fora, um de frente para o outro), encaixando os lados e cantos, e costure três lados dos quadrados com pontos retos na máquina de costura. Costure o quarto lado quase fechado, deixando uma abertura de cerca de 2,5 cm. Tire-os do avesso e feche o restante do quarto lado. Passe as costuras a ferro. Para que as camadas de tecido mantenham-se juntas no canto de cada quadrado do retalho, passe um pedaço de linha em ambas as camadas do tecido, costurando de trás para frente, depois amarre firme em um pequeno nó.
8. O retalho está pronto para ser dado de presente, ou pendurado como decoração na parede, ou utilizado como um paninho para dormir ou para colocar na cama.

Variações
- Faça decorações de parede ou almofadas com quadrados individuais.
- Utilize esse processo de derreter e passar para decorar camisetas e outros artigos de vestuário.
- Crie uma toalha de mesa ou jogo americano, em vez de um mosaico.

A LIXA É COLOCADA COM O DESENHO PARA BAIXO, ENTRE O TECIDO E O PAPEL...

Tecelagem interminável

Esta é uma daquelas atividades fenomenais, que podem ser realizadas por grupos de diversas idades e continuar por dias, crescendo e se transformando, no desenho e no tipo. Quando estiver terminada, exponha essa tecelagem bonita e feita em conjunto, para que todos a vejam.

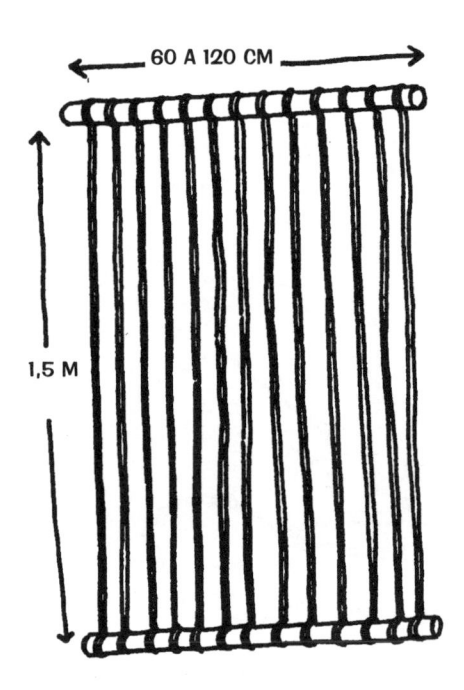

Materiais
2 sarrafos de madeira de 60 a 120 cm de comprimento
barbante grosso
tesoura
mesa
2 blocos de madeira pesados e relativamente grossos, de 1 a 2 m de comprimento
fita crepe
materiais para tecelagem (veja a lista na próxima página)

FAÇA O TEAR

Processo
1. Corte barbante grosso em pedaços de 1,5 m. Faça entre 20 e 30 pedaços.
2. Amarre uma das extremidades de cada barbante a um sarrafo, distanciando-os em cerca de 5 cm.
3. Amarre a outra ponta ao segundo sarrafo, novamente com cerca de 5 cm de distância um do outro. Os dois sarrafos devem estar paralelos; e os barbantes, esticados e também em paralelo. Talvez seja necessário ajustar para que todos os barbantes estejam firmes.

INSTALE O TEAR
1. Construa uma instalação para o tear na mesa, que seja possível de tirar e que torne a tecelagem fácil para mãos pequenas. Para começar, coloque um bloco de madeira em cada ponta da mesa. A seguir, espiche os sarrafos e barbantes na mesa, de um bloco de madeira até o outro.
2. Quando estiverem alinhados, passe um sarrafo em volta de um dos blocos.
3. Com fita adesiva, cole o bloco na mesa.
4. Puxe o outro sarrafo e os barbantes, bem esticados, até o outro bloco, passe em torno dele, puxe o bloco até que os barbantes estejam apertados e prenda-o na mesa. Certifique-se de que os barbantes estejam o mais esticados possível.

120 O LIVRO DOS ARTEIROS

Tecelagem interminável (continuação)

COMECE A TECER

1. Teça (por cima, por baixo, por cima, por baixo) através dos barbantes, com fitas e outros materiais, começando em um lado e indo até o outro.
2. Ajuste as linhas tecidas próximas umas das outras ou, se quiser, deixe-as mais frouxas, formando um desenho. Divirta-se com a escolha dos materiais para tecelagem. Explore diferentes padrões, como "dois por cima, três por baixo" ou "um por cima, cinco por baixo".
3. Deixe a tecelagem à mão para que os artistas possam trabalhar nela por muitos dias ou pelo tempo que for necessário para tecer tudo.
4. Quando estiver completa, corte e retire a fita adesiva. Pendure-a na parede para admirá-la.

Materiais para experimentar na tecelagem	
barbante	folhas finas e longas
corda	juta
fios	lã
fitas (de presente, encaracolada, ou tecidos)	linha de costura
fitas rasgadas de tecido	papel crepom

Variações
- Em vez de utilizar sarrafos e barbante, teça em redes, como as utilizadas para voleibol, tênis, pesca ou do tipo laranja, utilizadas em construções.
- Pinte tiras longas de papel ou fita para utilizar na tecelagem.

A escultura da casa realista

Construir uma casa de papelão grande é como fazer uma casa de brinquedo. Na verdade, se você construí-la forte o suficiente, ela o será!

Materiais
caixas de papelão de eletrodomésticos ou grandes folhas de papelão
estilete grande (somente adultos)
fita adesiva larga
materiais e acessórios para decorar a casa (veja lista)
caixas para mobília e acessórios (veja lista na página 123)
giz, cola, pistola de cola quente (somente adultos), canetas hidrográficas, tesoura, grampeador, fita adesiva, de acordo com a necessidade

Processo
A construção de uma casa de papelão realista exige interação, supervisão e ajuda de adultos durante todo o trabalho, mas em particular durante os passos de corte e montagem. Os passos que exigem mais cautela serão dirigidos pelo artista.

1. Corte e desdobre uma caixa grande de eletrodomésticos para formar o canto de uma peça (veja a ilustração). Utilize fita adesiva larga para prender o papelão no lugar. Se estiver usando folhas de papelão, cole-as com fita para formar o canto.

Dica: as lojas de material de escritório e papelarias costumam vender folhas de papelão lisas.

2. Acrescente outro pedaço de papelão para fazer o chão e cole-o com fita adesiva nas outras duas paredes.[1]
3. Decida que tipo de peça será, como uma cozinha, um quarto, um escritório, uma nave espacial, o esconderijo das fadas, o consultório do veterinário, e assim por diante. Veja as sugestões listadas na página 123 (descrevemos um quarto, mas qualquer tipo de peça que se possa imaginar é possível).
4. Prepare as paredes. Cole papel de parede, papel de embrulho, tecido, ou pinte-as. A seguir, acrescente detalhes, como uma janela ou porta (que um adulto irá cortar com um estilete afiado), quadros na parede, etc. Prateleiras de papelão podem ser feitas com outras caixas e coladas na parede. Também podem ser colocadas algumas cortinas.

---

[1] N. de RT. Também é possível prender o papelão com tiras de papel cartolina cheias de cola. Só será preciso esperar secar.

A escultura da casa realista (continuação)

5. Faça a mobília com outras caixas de papelão. Corte, dobre e monte uma cama, uma cadeira, um guarda-roupas, e assim por diante. Coloque um travesseiro e um cobertor reais na cama. Também podem ser construídas estantes de livros. Utilize livros reais ou faça-os de papelão.
6. Com pincéis atômicos, você pode desenhar um assoalho no papelão, imitando um piso de madeira. Coloque um tapetinho ou pedaços de carpete.
7. Vá construindo o quarto até que esteja completo. Admire-o como uma escultura ou, se for resistente o suficiente, um quarto para brincar dentro.

Sugestões de materiais e acessórios para decorar a casa

almofadas	papel de parede
brinquedos	pedaços de madeira
cortinas de janela	plantas de plástico
cobertores	plástico transparente (para as janelas)
molduras	retalhos de carpete
objetos artísticos	tapetinhos
papel	tecido
papel de embrulho	tintas e pincéis

Para fazer mobília e acessórios, experimente caixas das seguintes coisas

aparelhos de som	lenços de papel
comida enlatada	vinho
computadores	

Outras sugestões de espaços para construir

acampamento	estúdio artístico
banco	festa de aniversário
berçário	hospital
biblioteca	mundo alienígena
caverna	nave espacial
casa dos três ursinhos	oficina do Papai Noel
casa na árvore	praia
cavernas submarinas	restaurante
consultório do veterinário	salão de chá
consultório médico	vale das fadas
cozinha	zoológico
escola	

IDÉIAS OUSADAS

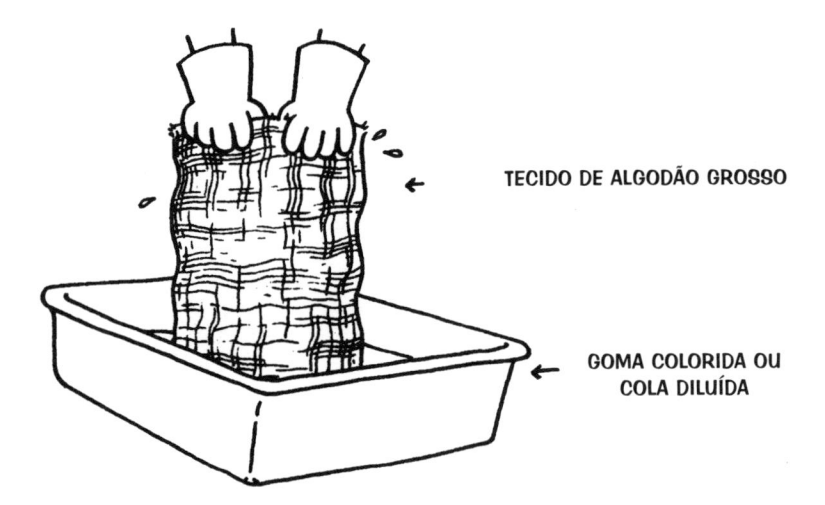

Esculpindo um dinossauro

Uma escultura pré-diluviana, do tamanho de um dinossauro! Junte algumas caixas, uns recipientes e outros objetos de papelão para construir o formato do dinossauro. Cubra com tela de arame e forre com tecido de algodão grosso.

Materiais
caixas, recipientes, peças ou tubos de papelão
cola, fita crepe, grampeador
tela de arame
cortadores de arame, alicates, emendas
fôrmas
amido de milho ou cola branca diluídos
aquarela ou corante líquido para tecido
tecido de algodão grosso
luvas de borracha ou látex

Processo
Este projeto engenhoso é um trabalho de colaboração entre um adulto e o artista. Os dois devem trabalhar juntos do início ao fim, em constante supervisão, auxílio e cooperação.

1. Empilhe, cole, grude e grampeie vários pedaços de papelão para criar a escultura básica no formato de um dinossauro, ou qualquer outro animal que você quiser.

   Dica: alguns artistas gostam de fazer algo mais "real", enquanto outros gostam de uma coisa abstrata. Divirta-se com qualquer um deles!

2. A seguir, com ajuda de adultos, utilize cortadores de arame, alicates e emendas para cobrir o papelão com a tela de arame e fazer o "exoesqueleto" do dinossauro, ou outra escultura. Essa é a parte mais criativa do projeto e pode levar mais de um dia para ser terminada.

   Dica: certifique-se de que todas as pontas e emendas estejam voltadas para dentro do dinossauro. Você pode colocar fita crepe nas pontas do arame.

3. Para cobrir o formato da escultura, coloque cerca de 5 cm de goma ou cola branca diluída na fôrma. Acrescente tinta ou corante de tecidos para criar a cor desejada.

124 O LIVRO DOS ARTEIROS

Esculpindo um dinossauro (continuação)

4. Coloque pedaços grandes do tecido, com cerca de 60 cm de comprimento, na goma ou cola coloridas. A seguir, vá aplicando sobre a escultura. Repita o processo até que a escultura esteja completamente coberta de tecido colorido. Deixe secar pelo menos por uma noite.

Dica: use luvas de borracha para proteger suas mãos.

5. Cole detalhes e características adicionais cortados em papelão (olhos, garras, dentes). Deixe secar novamente.

Variações
- Cubra a forma com qualquer receita de papel machê, em vez de algodão, e pinte quando estiver seco.
- Para uma escultura muito abstrata, suspenda o uso de tela de arame e trabalhe diretamente no formato feito com as caixas.

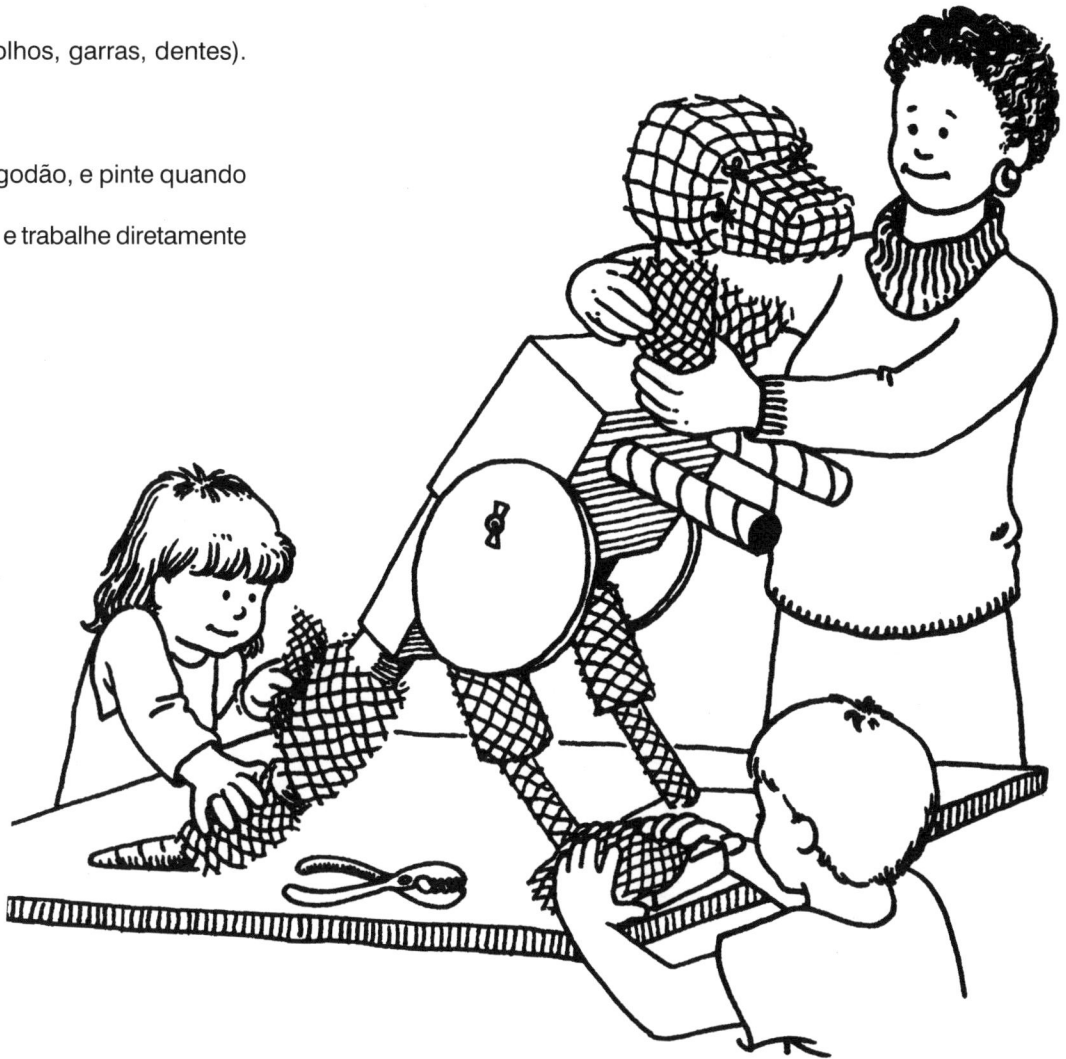

IDÉIAS OUSADAS

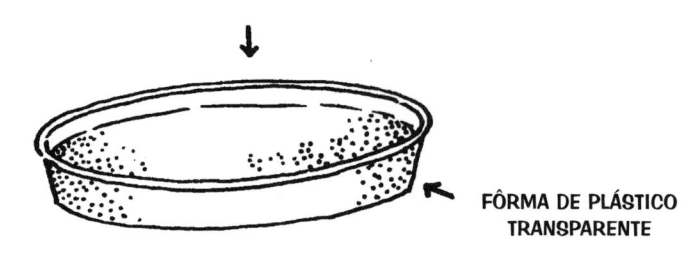

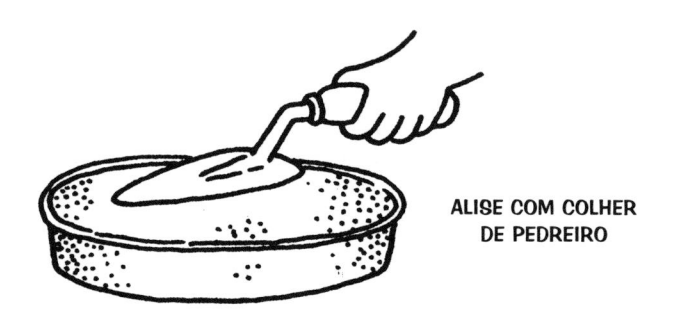

O caminho das pedras de concreto

Sejam grandes ou pequenos, os jardins podem ser melhorados e embelezados com um caminho de pedras único e personalizado pelo artista. Faça uma, faça muitas pedras, e caminhe na ponta dos pés, entre as flores!

Materiais
máscara para poeira
óculos de segurança
luvas de borracha
roupas de trabalho
área de trabalho ao ar livre
mistura de massa pronta (cal, cimento e areia) com água
balde, ou baldes, para a mistura
colher de pedreiro pequena
moldes para fazer o caminho de pedras de concreto (veja lista na página 127)
objetos para embutir no cimento (veja lista na página 127)
mangueira e água para limpeza

Processo
Este é um trabalho conjunto entre adulto e criança, do início ao fim. A ajuda de adultos será necessária durante todo o trabalho, especialmente para lidar com a mistura de concreto. Use máscaras para proteger-se do pó, óculos de segurança, luvas de borracha e roupas apropriadas para o trabalho. Faz sujeira!

1. Misture o concreto e a água em pequenas quantidades no(s) balde(s), até obter a consistência de um creme grosso. O artista pode mexer e misturar com uma colher de pedreiro. As máscaras são necessárias nesse passo, para proteger-se do pó de cimento.

Dica: uma pessoa forte deverá levantar os sacos pesados de cimento. Lave os baldes e a colher de pedreiro na rua, imediatamente depois do uso.

2. Coloque o molde em uma superfície plana. Encha-o com cimento molhado. Bata nos lados diversas vezes, para retirar qualquer bolha de ar que possa enfraquecer a pedra. Alise a parte de cima com a colher de pedreiro.

Dica: se estiver utilizando caixas de pizza, preencha cerca de 3 cm e utilize tijolos para apoiar os lados.

O caminho das pedras de concreto (continuação)

3. Para criar pedras únicas e personalizadas, pressione os objetos escolhidos na superfície úmida. Com exceção de folhas e flores, pressione quaisquer objetos com segurança, para garantir que permaneçam ali, caso contrário poderão cair ou afrouxar-se com o tempo.

Dicas sobre flores e folhas: pressione com profundidade suficiente para deixar a marca do seu formato; remova quando o concreto estiver endurecendo ou deixe até que esteja completamente seco (com o tempo, a natureza irá removê-los ou poderão ser raspados com uma escova grossa).

4. Deixe o concreto endurecer até que esteja firme, mas não necessariamente seco. Remova-o do molde. Deixe secar por vários dias antes de realmente pisar sobre ele.
5. Limpe com uma mangueira e água.
6. Aprecie o caminho de pedras em um jardim, pátio ou em qualquer área ao ar livre que necessite de um detalhe bonito.

Moldes para fazer as pedras

caixa de pizza
moldes bonitos
pratos de plástico transparente (disponíveis em diversos tamanhos em lojas de jardinagem)

Materiais para embutir no cimento

botões
folhas
flores
miçangas
pedras de aquário
pedrinhas
rochas

VISÃO PANORÂMICA

Variações

- As flores deixam impressões bonitas no cimento. Se a que você escolheu tiver muitas pétalas, simplesmente retire algumas e organize-as em um padrão radial a seu gosto.
- Com areia de aquário, pedrinhas ou botões, podem ser feitos palavras e objetos.
- Experimente com tamanhos e tipos diferentes de moldes.
- O concreto é barato, de forma que você não precisa se preocupar em errar.

Índices

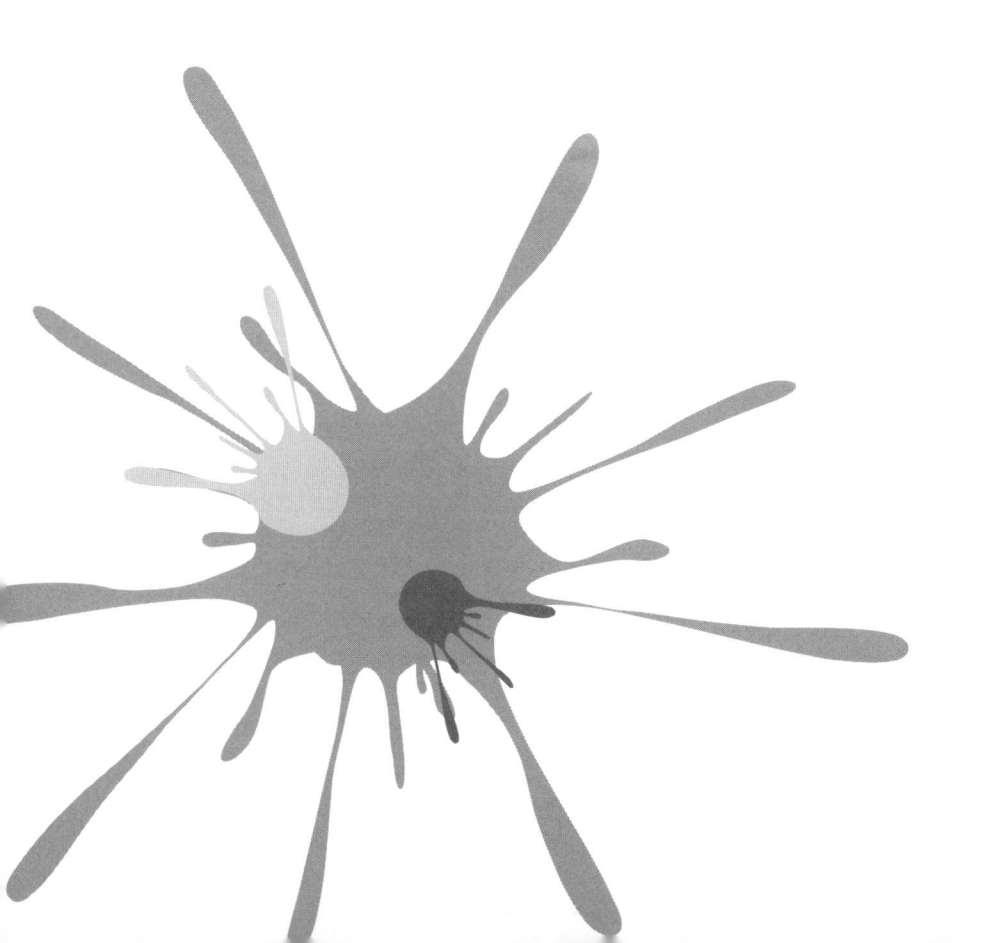

Índice de materiais
Índice de ícones
Lista de trabalhos

Índice de materiais

A

abaixa-língua, 42, 89, 93
açúcar, 90
adesivos, 94, 101, 112
afresco, 54
aglomerado, 27, 48, 80
água de colônia, 101
agulha, 31
    grande, 118
alecrim, 101
alfinetes, 118
    de segurança, 38
    percevejos, 31, 45, 55, 86
alicates, 124
amido de milho, 84, 87, 90-92
    diluído em água, 24, 55, 83, 90, 93, 97-99
amostras de carpete, 43
aquarelas, 37, 54, 80, 87, 90, 93, 108, 124
    líquidas, 27, 29-31, 33, 37, 42, 45, 87-88, 108
ar livre, 60, 72, 126, 127
areia, 25, 80, 82, 90
    colorida, 101
    grossa, 25
argila, 51, 83, 108
árvore, 43
    da estação, 86
    loja de árvores de Natal, 64
aviamentos, 118
azulejo
    de cerâmica, 50
    plástico ou cerâmico, 50

B

balanço, 36
balanço de pneu
    em estilo de pêndulo, 36
balões, 31
    bexiguinhas, 33
bancada, 35
bandeja de pintura, 76
    longas e rasas, 65
batedor de ovos, 28
bicarbonato de sódio, 110
bicicleta, 20, 72
bijuterias, 22
bolas, 115
    de algodão, 74, 86, 109, 112
    de beisebol, 32
    de borracha, 32
    de borracha texturizada, 32
    de brinquedo, 32, 114
    de gude, 25, 32
    de golfe, 32
    de pingue-pongue, 30
    de tênis, 23, 32
    do bebê, 32
    do cachorro, 32
    do gato, 32
    leves, 30
bolhas
    brinquedo, 28
    receita da solução, 28
    solução comercial, 28
    solução, 90
    utensílios para fazer, 28
bórax, 85
botões, 22, 75, 94, 112, 127
brinquedos para usar ao ar livre, 43
busca, 63

C

cabide 28
cacau, 92
cadarço, 101
cadeira, 27
caixa
    blocos de madeira, 120
    cúbica de papelão, 111
    de cereais, 50
    de eletrodomésticos de papelão, 113, 122
    de flocos de milho, 50
    de lenços de papel (vazia), 123
    de papelão, 50, 122, 124
    de pizza, 54, 126, 127
        círculo de papelão, 106
        grande, 54
    leve e colorida, 50
caixas grandes de lenço de papel, 116
calças, 68
câmera fotográfica, 100
caminhão de brinquedo, 20
camiseta, 38, 53, 119
    velha, para fazer trapos, 76
canetas, 116
    de marcar bingo, 67
    hidrográficas coloridas, 36, 40, 54, 61, 111, 116, 122
    italiana de marcar bingo, 46
canudo de refrigerante, 105
capa de chuva, 114
capacho, 38
    com textura, 44
carretéis de linha, 28, 48
    vazios, 48
cartazes
    usados, 43
    de filme, 43

carvão
    para desenho, 109
cavalete de pintura, 108
cerâmica quebrada, 50
cerca, 23, 38
cesta de frutas, 28
cesta de plástico para frutas, 28
chip de computador, 112
coisas de ferragem, 63
cola, 50, 55, 94, 100, 111, 116, 122, 124
    branca diluída, 55, 93, 99, 124
    branca, 47, 81, 86, 90, 106
    de cimento, 46
    diluída, 55
colher
    de pedreiro chanfrada, 63
    de pedreiro fina, 63
    de plástico, 42
    pequena, 126
compensado, 27, 46, 48, 51, 80
    tábua de, 46
conjuntos de cem, 111
Con-Tact, 52
conta-gotas, 27, 87
corante, 38
    de comida, 29, 80, 84-85, 90-93, 101, 104, 110
    de papel, 104
    em pasta, 90
    em pó para comida, 91
    líquido para tecido, 124
    Rit, 38
corda, 74
correntinhas de bijuteria, 22
cortador de biscoitos, 85, 93
    com lados, 97
cortina de banheiro, 26, 45
cortinas, 53
cotonetes, 109

creme de barbear, 90
creme de limpeza para pele, 90, 92

D

decorações de Natal, 56
desenhos feitos por crianças, 117
detergente de louça, 28, 83, 91
diferentes grãos, 112

E

Eco-Foam, 87-88
elástico, 24, 34, 40
    de costura, 24
emendas, 124
entretela, 45
escorredor de massa, 28
escovas, 55
    de lavar louça, 66
    de maquiagem, 91
    para alisar papel de parede, 63
    para cola, 46
    para misturar, 106
    para papel de parede, 63
esfregões, 21, 66
    de cozinha, 69
    de louça, 77
esfregões e vassouras
    de tamanho adulto, 66
    de tamanho infantil, 66
esmagador de batatas, 28
espátula, 40, 54, 57, 90, 93
espelho, 94
espeto de bambu, 97
esponja, 21, 51, 73, 77, 111
    com cabo, 72
    cubos, 86
    de cozinha, 67

    de maquiagem, 72
    de lavar louça, 66
    de vedação auto-adesiva, 63
    para maquiagem, 91
espuma: folhas finas e densas de (como as roupas de mergulho, *mouse pads* de computador), 48
essências, 90
estilete (somente adultos), 49, 50, 55, 69, 113, 122
etiquetas, 112
extratos, 90
    baunilha, laranja, cereja, amêndoas, menta, mint, 101

F

faixa para a cabeça, 38
farinha, 69, 80, 92, 96, 98
    bolo, 90
    de trigo, 90
ferragem, 63
ferro de passar velho, 100, 118
fibras, 49
fichas de jogo, 46
filme, 100
fio, 24, 34, 40, 61, 65, 74
fita, 23, 25, 26-28, 31, 33, 36, 40, 42, 55-56, 64, 66-68, 72-73, 75, 107, 109, 111, 113, 115, 116, 121, 122
    adesiva, 55
    adesiva grossa, 55, 122
    crepe, 30, 34, 52, 120, 124
    de cabelo, 38
    isolante, 52, 120
    rasgada, 101
    trena, 76, 118
    usada por pintores para forro, 76
flocos
    biodegradáveis para embalagens, 87
    de amido para embalagens, 88
    de milho, 90

ÍNDICES **131**

flores, 127
folha de alumínio, 42, 101
   descartável, 37
   grossa, 95
folha
   de plástico, 26, 33-34, 52, 55
folhas de chá
   secas, 101
   de outono, 81
folhas, 101, 127
   pedaços picados e esmigalhados, 82
fonte de calor, 118
fôrmas
   de docinhos, 85
   grandes de papel para brigadeiro, 105
formato de chapéu, 87
fotografias, 47, 50, 98-99, 101
frasco
   de espremer, 86, 102
   de *spray*, 29, 38, 88
freezer, 42
fronha, 38
funil, 28
furos, 94

G

galeria de arte, 57
galho de árvore, 86
galho de pinheiro, 64
garfo, 93
gesso de construção, 54, 57, 93
gel colorido, 90
gibi, 85
giz, 20, 40, 43, 54, 122
   grande, 20
   de cera, 40, 61, 111, 116
   para tecido, 118
   pastel seco, 20
   pastel oleoso, 54
glicerina, 92
gordura
   vegetal, sólida, 91-92

grama
   capim e ervas, 82, 101
   sintética, 43
gramado grande, 43
grampeador, 114-115, 122
grãos de café, 80, 90
gravetos, 82
guache, 22-26, 34, 37, 42-44, 47, 48, 51, 60, 63-69, 71-75, 80, 90, 93-94, 107, 113, 115
   diluída, 30, 31, 34, 37
   em pó, 21, 25, 26, 28-29, 60, 69, 90, 91
   reluzente, 86
   vermelha, 106
guardanapos, 38
   de pano, 38
   grande, 118

H

histórias em quadrinhos, 102

I

imagens de revistas, 98
instrumentos
   colher de pedreiro chanfrada, 63
   colher de pedreiro pequena, 126
   colher de pedreiro, 63
   para alisar, 54
   para argila, 84
   para cerâmica, 50
   para espalhar, 57
   para mexer, 97
   semelhantes a escovas, 66
   semelhantes a pincéis, 66
itens
   decorativos,.94
   para colagem, 54, 94

J

jardim, 127
jarra, 96
jogo americano, 38, 53, 119
jornal, como material, 96-98, 100
   quadrinhos de, 85

L

lã, 49, 121
lama, 82, 83
lantejoulas, 94
lápis, 37, 76, 97, 116
lata, 96
lenço, 38, 108
   de papel, 92, 109
lençol, 38, 52
   branco, 52, 118
linha, 27, 65, 67, 75, 86, 94, 105, 106, 111, 115, 118, 120
   colorida, 101
   de costura, 49
   de pescar, 111
   dourada, 101
   reta, 40
      canudo de refrigerante, 37, 105
liquidificador, 100
lista de coisas com que se pode pintar, além de pincéis, 61-62
lixa, 118
loção
   para bebês, 91
   para as mãos, 90
loja de árvore de Natal, 64
lona impermeabilizada, 26, 45
luvas, 42
   de borracha, 34, 68, 76, 96, 124, 126
   de látex, 124
   de plástico, 76
   de trabalho, 23, 118, 126

M

malhos, 20
moldes para fazer um caminho de pedras de concreto, 127
mangueira, 23, 43
manguito, 118
mão, 28
máquina de costura, 118
marco de janela, 100
martelo, 20, 57
máscara para poeira, 126

massa
   de modelar, 108
   para pintar, 69-70
   pronta, 126
massageador de costas
   de madeira, 60
mata-moscas 107
meias, 67, 68
   meia-calça, 25
mesa, 27
miçangas, 94, 112, 127
   colares de, 22
   grandes, 75
mistura de cimento, 126
mola, 63
molas, 63
moldura, 24, 101
   de madeira, 45
   pequena, 24
muro, parede 43
   ao ar livre, 23
   para pintar, 77
   texturizado, 109
música, 40

O

obra, 57
óculos
   de natação, 107
   de segurança, 57, 126
   de sol, 107
óleo de cozinha, 83, 90
olhos de boneca, 112
ornamentos pintados à mão, 64

P

pá, 84
painel de treliça, 63
palito
   de dente, 87, 93
   de picolé, 42
   para espalhar/misturar, 93
   para misturar, 106
   pequeno, 112

palitos, 112
panos de limpeza, 21
papel, 25, 63, 65, 67, 76, 83, 100, 111
   amassado, 94, 106
   cartão, 50, 70, 81
   cartolina, 40-42, 44, 81, 94
   celofane, 55, 56, 93, 98-99
   color set, 40, 41
   Cont-Tact, 52
   crepom, 96, 101, 102
   de presente, 47
   de embrulho, 20, 25-27, 30-31, 33, 37, 42, 47, 66, 68, 70, 72, 74, 107, 109
      branco, 64, 116
      ver papel kraft
   de parede
      aplicador, 63
      retalhos, 122
   kraft, 34, 37, 40-42, 43, 47, 66, 68, 72, 74, 76, 107, 109, 113, 116. *Ver* papel de embrulho
   espelho, 101, 105, 116
   folha grande, 22, 24, 28, 32, 36, 40, 41, 43, 60, 64, 71, 73, 75, 89, 109-110, 115
   folha metálica, 101
      grande, 43
   grosso, 81, 94
   impresso, 47
   para forrar (usado por pintores), 76
   papel metálico, 101
   papel paraná, 93
   papel-cartão, 43, 106
   papel-cartaz, 30, 50, 70
   papel-toalha, 110
   retalhos de, 100, 112
   serpentina, 68
   tiras de, 121
   usado por pintores para forrar, 76
   vegetal, 41, 55, 56, 86
papelão, 23, 30, 45, 54, 55, 67, 70, 80, 83, 87, 93, 96, 110
   caixa cúbica, 111
   caixa de cereais, 50
   caixa de eletrodomésticos de, 113, 122
   caixa de pizza, 54, 126, 127
   caixa, 50, 111, 124
   caixa, 50, 122, 124

   circular em forma de pizza, 106
   folhas, 36, 122
   grosso, 27, 49
   leve e colorida, 50
   leve, 81
   pequenos pedaços, 57, 124
   recipientes, 124
   tubo: de papel toalha, papel higiênico, papel de presente, 99, 105, 124
passe-partout, 93, 102
pasta
   de farinha, 98
   de trigo, 90
   feita em casa, 90
pastel oleoso seco, 20
pedaços
   de gesso de construção, 57
   de madeira, 57
   de pano, 101
   de pratos quebrados, 50
   de velcro, 73
pedras, 20, 107, 127
   de aquário, 25, 127
pedrinhas, 82, 112, 127
penas, 94, 112
peneira, 28
pente, 90, 93
pêra de borracha, 41, 60
percevejos, 31, 45, 55, 86
perfume, 90, 101
pétalas de flores secas, 101
pigmento em pó, 28, 29, 60, 69
pilão, 20
pincéis, 20, 40, 54, 72-73, 80-81, 86, 91-92, 95, 98, 108, 115
   de esponjas, 24
   de parede, 57
   grandes, 26, 43
   largos e macios, 40
   pequenos, 94
   pequenos, com pontas, 97
   sem as mãos, 73
pincel atômico permanente, 38
pino, 86
   sarrafos de madeira, 120
pintura com os dedos, 108

pipeta, 27, 87
piscina de plástico, 32
piso
    de vinil, 63
    ou área ao ar livre, 72
pistola de cola, quente ou fria (somente adultos), 46, 48, 122
plástico
    bolha, 42, 56, 87, 113
    de prender latas de refrigerante, 28
    transparente de embalar, 56
pó facial, 91
polpa de papel, 101
potes
    de medida, 63, 82, 84-85, 96
    de plástico, 127
    de plástico transparente, 127
pratos de papel, pequenos, 105
prego, 57
purpurina, 26, 47, 95, 101, 106
    fina, 95

Q

quadrinhos do jornal ou de um gibi, de uma revista, 85, 102

R

ramo de sempre-viva, 64
raspador de gelo, 90
receitas de
    lama para pintar com os dedos, 83
    massa para pintar, 69-70
    pasta de farinha, 98
    pintura facial de gordura vegetal e amido de milho, 91
    resina divertida, 85
    resina pegajosa, 84
    solução para bolhas feita em casa, 28
    solução para bolhas, 28
    tinta para tatuagem, 92
recipientes, para derramar, 32
rede de voleibol, 121

rede, 121
    de pesca, 121
    de tênis, 121
    de voleibol, 121
    laranja, usada em obras, 121
    retalho, 118, 119
retalhos de revistas, 102
rodo, 66, 69, 90
rodos
    de borrahcas, 69
    feitos à mão, 70
rolha, 74
rolo
    de ataduras gessadas, 95
    de espuma, 65
    de massa, 114
    de cabelo, 74
    de cabelo, 74
    de papel higiênico, 104
    de pintura, 43-44, 47, 61, 65, 73, 113
rótulos, 112
roupa de cama, 52, 118

S

sabão
    detergente, 91
    líquido, 90
    pedaços de sabão, 90
saco
    branco de papel, 97
    de plástico com fecho, 110
    mais grossos, 110
sacos plásticos
    grandes e com fecho, 110
    grossos e com fecho, 20
    luvas de plástico, 76
sal, 38, 69, 80, 82, 90, 96
saquinhos de chá, 112
secador de cabelo (com ar), elétrico, 30
selos, 101
serragem, 90
serrote, 27
sisal, 49
skate, 72

T

tábua
    com textura feita à mão, 47
    de carne, 96
    de passar, 100, 118
tábuas, 120
    grandes, 57
    pedaços, 57
tampas de frascos, 97
tecido, 53, 83, 122
    branco, 118
    com mosaico, 118
    corante para, 124
    de algodão grosso, 124
    retalhos, 101
    tiras, 49
tela de arame, 124
temperos, 90, 101
tenazes, 32, 106
terra limpa e fina, 83
tesoura, 27, 30, 37, 48-50, 52, 55, 67-69, 73, 86, 94-95, 100, 105-106, 110-111, 113, 115-116, 120, 122
    velha, 118
tigela
    plástica, em formato de chapéu, 87
tinta, 40, 43, 57, 80, 83, 95, 101, 104, 108, 122
    acrílica, xiii, 22, 54, 86, 97
    acrílica em tubo de espremer, 97
    aquarelas líquidas, 27, 29-31, 37, 42, 45, 54, 80, 87, 90, 93, 108, 124
    anilina, 11, 27, 34, 54, 87
    de cor forte, 110
    diluída, 27, 30
    guache, xiii, 20-28, 30-34, 37-44, 47, 48, 51, 54, 60, 63, 67, 69, 71-76, 80-81, 90-95, 105-107, 113-115
    guache em pó, 60, 69
    guache reluzente, 86
    látex, 76
    neon, 24
    para casas, 57
    para pintar com os dedos, 70, 94
    para tecido, 52
tiras de velcro, 21, 73
tiras e trapos, 65

toalha
    de banho brancas, 38
    de banho velha, 38
    de mão velha, 71
    de mesa, 38, 53, 119
tortas de lama, 82
trapos, 76
trena, 76, 118
triciclo, 20, 72

U

utensílios de cozinha, 84, 90

V

vaselina, 102
vassoura, 64, 66
venda, 108
verniz, 99, 102
    acrílico transparente (somente adultos), 98, 102
    material escolar, 99
vinil auto-adesivo (Con-Tact), 52
vinil, 63

X

xampu, 90
xarope de milho leve, 28

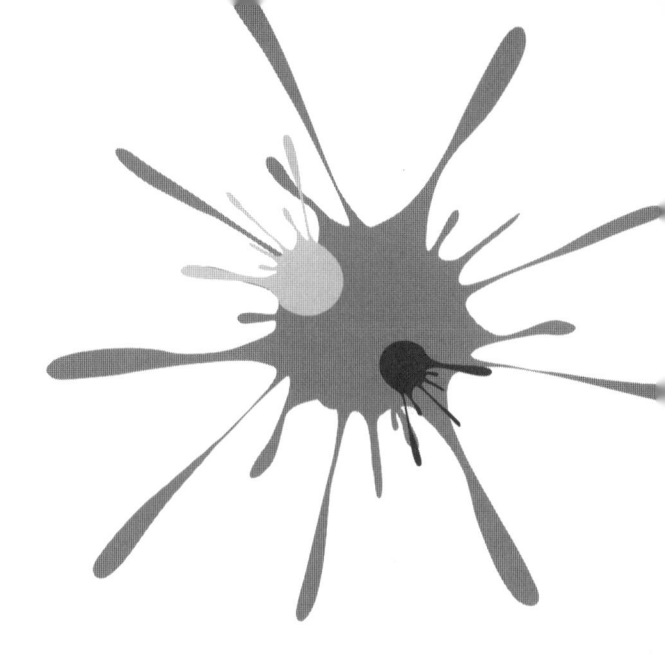

Índice de ícones

NÍVEL DE EXPERIÊNCIA DOS ARTISTAS

1 – Para artistas iniciantes, com pouca experiência

A colossal pintura com cubos, 42
A corrida de tintas, 27
A grande massa artística básica, 80
A gravura do capacho, 44
A obra de arte das fitas, 68
A pintura salpicada, 26
Descubra seus próprios instrumentos para pintura, 63
Desenhando com carvão, 109
Desenhando com entretela, 45
Dia de brincar com papel higiênico, 104
Enfeite exuberante com tubos, 105
Escovas marcadoras, 67
Estourando bexiguinhas, 33
Experimentos extravagantes de pintura com os dedos, 89-90
Flocos derretidos, 87-88
Fusão de cores em gesso, 93
Gravuras com partes do corpo, 71
Gravuras no gramado, 43
Massa de lama, 82-83
Movimentos amplos com giz de cera, 40
O balão furado, 31
Pasta primavera para brincar, 106
Pingue e dobre com um amigo, 41
Pintando a calçada, 20
Pintando às cegas, 108
Pintando com batidas, 25
Pintando com bolas na piscina, 32
Pintando com bolhas, 28-29
Pintando com confetes, 81
Pintando com elásticos, 24
Pintando com esfregões e vassouras, 66
Pintando com galhos de pinheiro, 64
Pintando com luvas de borracha, 34-35
Pintando com mata-moscas, 107
Pintando com outras coisas, que não pincéis, 60-62
Pintando com rolos e fios, 65
Pintando com sapatos de esponja, 21
Pintando com secador de cabelos, 30
Pintura giratória, 22
Pum! A tinta explosiva, 110
Quadro texturizado, 46-47
Rabiscos de cola, 86
Raspando com rodos, 69-70
Receitas de pintura para o rosto e o corpo, 91-92
Resinas pegajosa e divertida, 84-85
Saque forte, 23

2 – Para artistas com alguma experiência

A arte de enfaixar, 95
A arte do pêndulo vivo, 36
Afresco grande, 54
As miçangas dançantes, 75
Carimbos gigantes, 48
Cubo quebra-cabeça grande, muito grande, 116-117
Embalagens para presente marmorizadas, 97
Escultura de argila em grupo, 51
Jornal melecado, 98-99
Mais sobre pintura facial, 94
Massa de papel crepom amassado, 96
Matrizes no lençol, 52-53
Móbile da caixa das centenas, 111-112
Mosaico cromático quadriculado, 50
Movimentos amplos com giz de cera, 40
Pare, enrole e pinte, 113-114
Pintando com cordas, 74
Pintando com *skate*, 72
Pintando com fôrmas de alumínio, 37
Pintando sem as mãos, 73
Pinte uma bola, 115
Supertecelagem simples, 49
Tingindo toalhas com *spray*, 38
Vitral grandioso 55-56

3 – Para artistas com mais experiência

A escultura da casa realista, 122
Borda de papel de parede com gravura de trapo, 76
Esculpindo um dinossauro, 124
O alto-relevo do pedreiro, 57
O caminho das pedras de concreto, 126-127
Papel no liquidificador e porta-retratos, 100-102
Retalho de lembranças, 118-119
Tecelagem interminável, 120-121

PREPARAÇÃO E PLANEJAMENTO

①

1 – Trabalhos que utilizam materiais fáceis de encontrar e são organizados rápida e facilmente

A colossal pintura com cubos, 42
A grande massa artística básica, 80
A gravura do capacho, 44
A obra de arte das fitas, 68
A pintura salpicada, 26
Desenhando com carvão, 109
Dia de brincar com papel higiênico, 104
Enfeite exuberante com tubos, 105
Escovas marcadoras, 67
Experimentos extravagantes de pintura com os dedos, 89-90
Flocos derretidos, 87-88
Gravuras no gramado, 43
Mais sobre pintura facial, 94
Massa de lama, 82-83
Móbile da caixa das centenas, 111-112
Pasta primavera para brincar, 106
Pingue e dobre com um amigo, 41
Pintando a calçada, 20
Pintando às cegas, 108
Pintando com batidas, 25
Pintando com confetes, 81
Pintando com elásticos, 24
Pintando com esfregões e vassouras, 66
Pintando com mata-moscas, 107
Pintando com rolos e fios, 65
Pintando com sapatos de esponja, 21
Pintando com *skate*, 72
Pintando sem as mãos, 73
Pintura giratória, 22
Rabiscos de cola, 86
Receitas de pintura para o rosto e o corpo, 91-92
Resina pegajosa e divertida, 84-85
Saque forte, 23

②

2 – Trabalhos que utilizam materiais conhecidos e são razoavelmente fáceis de organizar

A arte de enfaixar, 95
A arte do pêndulo vivo, 36
A corrida de tintas, 27
Afresco grande, 54
As miçangas dançantes, 75
Carimbos gigantes, 48
Descubra seus próprios instrumentos para pintura, 63
Desenhando com entretela, 45
Embalagens para presente marmorizadas, 97
Escultura de argila em grupo, 51
Estourando bexiguinhas, 33
Fusão de cores em gesso, 93
Gravuras com partes do corpo, 71
Jornal melecado, 98-99
Massa de papel crepom amassado, 96
Matrizes no lençol, 52-53
Mosaico cromático quadriculado, 50
Mosaico das lembranças, 118-119
O balão furado, 31
Pare, enrole e pinte, 113-114
Pintando com bolas na piscina, 32
Pintando com bolhas, 28-29
Pintando com cordas, 74
Pintando com galhos de pinheiro, 64
Pintando com luvas de borracha, 34-35
Pintando com outras coisas, que não pincéis, 60-62
Pintando com secador de cabelos, 30
Pintando com fôrmas de alumínio, 37
Pinte uma bola, 115
Pum! A tinta explosiva, 110
Raspando com rodos, 69-70
Supertecelagem simples, 49
Tingindo toalhas com *spray*, 38

③

3 – Trabalhos que utilizam materiais incomuns e têm uma preparação mais complicada

A escultura da casa realista, 122-123
Borda de papel de parede com gravura de trapo, 76-77
Cubo quebra-cabeça grande, muito grande, 116-117
Esculpindo um dinossauro, 124-125
O alto-relevo do pedreiro, 57
O caminho das pedras de concreto, 126-127
Papel no liquidificador e porta-retratos, 100-102
Quadro texturizado, 46-47
Tecelagem interminável, 120-121
Vitral grandioso 55-56

NÍVEL DE SUJEIRA

1 – Trabalhos um pouquinho sujos

A arte de enfaixar, 95
A arte do pêndulo vivo, 36
A corrida de tintas, 27
A escultura da casa realista, 122-123
A grande massa artística básica, 80
Carimbos gigantes, 48
Cubo quebra-cabeça grande, muito grande, 116-117
Descubra seus próprios instrumentos para pintura, 63
Desenhando com entretela, 45
Dia de brincar com papel higiênico, 104
Enfeite exuberante com tubos, 105
Móbile da caixa das centenas, 111-112
Mosaico cromático quadriculado, 50
Movimentos amplos com giz de cera, 40
O balão furado, 31
Pingue e dobre com um amigo, 41
Pintando a calçada, 20
Pintando com batidas, 25
Pintando com bolas na piscina, 32
Pintando com bolhas, 28-29
Pintando com confetes, 81
Pintando com fôrmas de alumínio, 37
Pintando com galhos de pinheiro, 64
Pintando com outras coisas, que não pincéis, 60-62
Pintando com rolos e fios, 65
Pintando com sapatos de esponja, 21
Pintando com secador de cabelos, 30
Pintura giratória, 22
Quadro texturizado, 46-47
Raspando com rodos, 69-70
Retalho de lembranças, 118-119
Saque forte, 23
Supertecelagem simples, 49
Tecelagem interminável, 120-121
Vitral grandioso 55-56

2 – Trabalhos meio sujos

A colossal pintura com cubos, 42
A gravura do capacho, 44
A pintura salpicada, 26
As miçangas dançantes, 75
Escovas marcadoras, 67
Esculpindo um dinossauro, 124-125
Escultura de argila em grupo, 51
Flocos derretidos, 87-88
Fusão de cores em gesso, 93
Gravuras no gramado, 43
Massa de lama, 82-83
Matrizes no lençol, 52-53
O alto-relevo do pedreiro, 57
Papel no liquidificador e porta-retratos, 100-102
Pasta primavera para brincar, 106
Pintando com corda, 74
Pintando com elásticos, 24
Pintando com esfregões e vassouras, 66
Rabiscos de cola, 86
Resinas pegajosa e divertida, 84-85
Tingindo toalhas com *spray*, 38

3 – Trabalhos muito sujos

A obra de arte das fitas, 68
Afresco grande, 54
Borda de papel de parede com gravura de trapo, 76-77
Caminho das pedras de concreto, 126-127
Desenho com carvão, 109
Embalagens para presente marmorizadas, 97
Estourando bexiguinhas, 33
Experimentos extravagantes de pintura com os dedos, 89-90
Gravuras com partes do corpo, 71
Jornal melecado, 98-99
Mais sobre pintura facial, 94
Massa de papel crepom amassado, 96
Pare, enrole e pinte, 113-114
Pintando às cegas, 108
Pintando com luvas de borracha, 34
Pintando com mata-moscas, 107
Pintando com *skate*, 72
Pintando sem as mãos, 73
Pinte uma bola, 115
Pum! A tinta explosiva, 110
Receitas de pintura para o rosto e o corpo, 91-92

Cuidado com trabalhos que utilizam instrumentos cortantes, fonte de calor ou quaisquer outros materiais potencialmente perigosos

A corrida de tintas, 27
A escultura da casa realista, 122-123
Carimbos gigantes, 48
Esculpindo um dinossauro, 124-125
Mosaico das lembranças, 118-119
O alto-relevo do pedreiro, 57
O caminho das pedras de concreto, 126-127
Papel no liquidificador e porta-retratos, 100-102
Pintando a calçada, 20
Pintando com fôrmas de alumínio, 37
Pintando com luvas de borracha, 34-35
Pintando com secador de cabelos, 30
Pum! A tinta explosiva, 110
Quadro texturizado, 46-47
Raspando com rodos, 69-70
Vitral grandioso 55-56

Lista de trabalhos

A arte de enfaixar, 95
A arte do pêndulo vivo, 36
A colossal pintura com cubos, 42
A corrida de tintas, 27
A escultura da casa realista, 122-123
A grande massa artística básica, 80
A gravura do capacho, 44
A obra de arte das fitas, 68
A pintura salpicada, 26
Afresco grande, 54
As miçangas dançantes, 75
Borda de papel de parede com gravura de trapo, 76-77
Carimbos gigantes, 48
Cubo quebra-cabeça grande, muito grande, 116-117
Descubra seus próprios instrumentos para pintura, 63
Desenhando com carvão, 109
Desenhando com entretela, 45
Dia de brincar com papel higiênico, 104
Embalagens para presente marmorizadas, 97
Enfeite exuberante com tubos, 105
Escovas marcadoras, 67
Esculpindo um dinossauro, 124-125
Escultura de argila em grupo, 51
Estourando bexiguinhas, 33
Experimentos extravagantes de pintura com os dedos, 89-90
Flocos derretidos, 87-88
Fusão de cores em gesso, 93
Gravuras com partes do corpo, 71
Gravuras no gramado, 43
Jornal melecado, 98-99
Lista de coisas com que se pode pintar, além de pincéis, 61
Mais sobre pintura facial, 94
Massa de lama, 82-83

Massa de papel crepom amassado, 96
Matrizes no lençol, 52-53
Móbile da caixa das centenas, 111-112
Mosaico cromático quadriculado, 50
Movimentos amplos com giz de cera, 40
O alto-relevo do pedreiro, 57
O balão furado, 31
O caminho das pedras de concreto, 126-127
Papel no liquidificador e porta-retratos, 100-102
Pare, enrole e pinte, 113-114
Pasta primavera para brincar, 106
Pingue e dobre com um amigo, 41
Pintando a calçada, 20
Pintando às cegas, 108
Pintando com batidas, 25
Pintando com bolas na piscina, 32
Pintando com bolhas, 28-29
Pintando com confetes, 81
Pintando com cordas, 74
Pintando com elásticos, 24
Pintando com esfregões e vassouras, 66
Pintando com fôrmas de alumínio, 37
Pintando com galhos de pinheiro, 64
Pintando com luvas de borracha, 34
Pintando com mata-moscas, 107
Pintando com outras coisas, que não pincéis, 60-62
Pintando com rolos e fios, 65
Pintando com sapatos de esponja, 21
Pintando com secador de cabelos, 30
Pintando com *skate*, 72
Pintando com luvas de borracha, 34-35
Pintando sem as mãos, 73
Pinte uma bola, 115
Pintura giratória, 22
Pum! A tinta explosiva, 110
Quadro texturizado, 46-47

Rabiscos de cola, 86
Raspando com rodos, 69-70
Receitas de pintura para o rosto e o corpo, 91-92
Resinas pegajosa e divertida, 84-85
Retalho de lembranças, 118-119
Saque forte, 23
Supertecelagem simples, 49
Tecelagem interminável, 120
Tingindo toalhas com *spray*, 38
Vitral grandioso 55-56

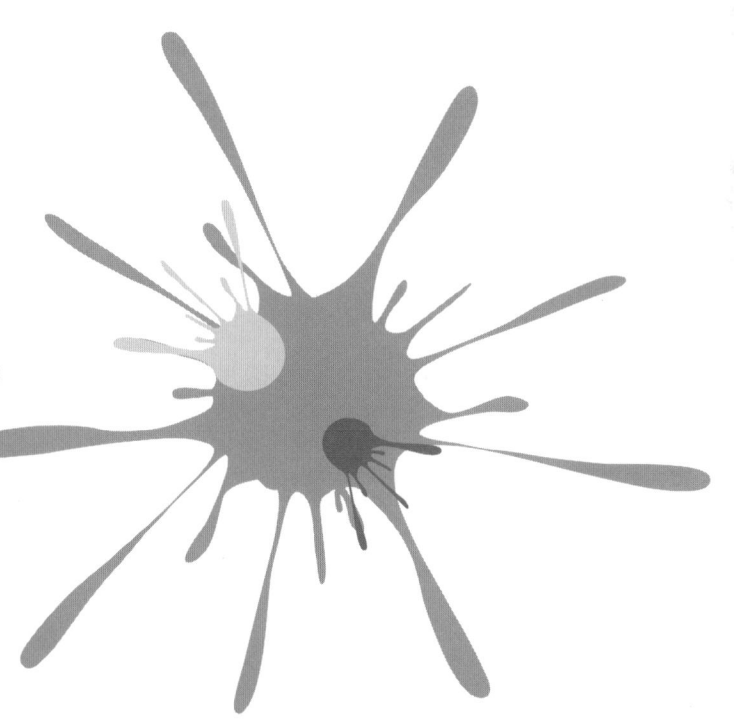